ハーブのセラピストはじめの一歩！

メディカルハーブ 検定 合格！ 対策問題集

改訂版

メディカルハーブ研究会
代表 **田中久美子**

BAB JAPAN

はじめに

　本書は 2014 年 8 月の初版以来、2017 年に第 5 版の増版に次ぎ、このたび改訂版としてメディカルハーブ検定の最新情報に対応したものです。

　この参考書＆問題集は、旧アロマカルチャースクール大阪（現アロマカルチャースクール和歌山）に通う受講生の強い要望から生まれました。
「メディカルハーブ検定の問題集がほしい！」「わかりやすい解説や丁寧な説明のある参考書があればいいのに！」といった多くの声へ応えるべく、試験対策にしっかり対応させました。そして、生活の中で活用できる基礎知識、さらに次の専門的な資格である、メディカルハーブセラピスト取得へも、スムーズに繋げられるような内容に、と苦心しました。

　この本を手にしてくださるすべての方々が、メディカルハーブ資格の最初の登竜門である「メディカル検定合格」が叶いますように。そして何より、古来より人の歴史と共に存在してきた、メディカルハーブの魅力に触れる第一歩となりますように。

❋ 必ずお読みください

本書で紹介するハーブ情報やレシピを使用して起きた問題に対しては、著者ならびに出版社は一切の責任を負いかねます。メディカルハーブは日常生活の質の向上に役立つもので、医薬品ではありません。必要に応じて医療従事者へご相談の上、安全にお使いください。

本書の使い方

● 参考書として活用

　本書は『メディカルハーブ検定テキスト』の内容を盛り込んだ、試験対策の学習参考書です。自分のペースに合わせて、興味のある項目から取り組めます。赤字部分は重要事項ですので、できるだけ覚えるようにしましょう。学名の読み方やその他の情報についてはいくつかの説があるものもありますが、一般的なものを掲載しています。

※ 本書では、検定で問われるハーブ15種類を科名ごとに紹介しています。

● チェックテストと赤色シートを活用

　各章の節目や終わりには、○×式のチェックテストと解答・解説があります。赤シートを使って繰り返しチェックし、重要語句をしっかり頭に入れましょう。

● 模擬テストに挑戦

　チェックテストで力がついてきたら、メディカルハーブ検定の模擬テストに挑戦してみましょう。出題範囲は『メディカルハーブ検定テキスト』の記載内容です。

　過去の出題傾向を見ると、メディカルハーブの主要成分なども出題されていますので、できるだけ覚えるようにしましょう。

　本書の模擬テストは、実際の試験と同じ60問の問題を3回分掲載しています。試験時間は70分。正答率80％（50問）以上を目指しましょう。

CONTENTS

はじめに　2 ／ 本書の使い方　3
メディカルハーブ検定とは？　8 ／ メディカルハーブ検定の概要　8
協会が認定するその他の資格　10

第1章　メディカルハーブの定義と代表的な15種類

メディカルハーブの世界　14

1. メディカルハーブとは？　14

　①ハーブとは？　②ハーブの活用範囲

2. 自然療法　14

　①自然療法（ナチュロパシー）とは？　②自然療法の誕生　③自然療法の歴史
　④ホメオスタシス（恒常性）とは？　⑤ホメオスタシスの働き

3. 医薬品・近代医学とメディカルハーブ　16

　①近代医学の薬　②メディカルハーブの特徴
　表 メディカルハーブと近代医学の比較　17

4. 植物を利用するその他の自然療法　17

　①アロマテラピー（芳香療法）　②フラワーエッセンス　③漢方薬

　Column 植物と生命維持　19
　Check Test メディカルハーブの世界　20

メディカルハーブのプロフィール　22

1. メディカルハーブの安全性と分類　22

2. 学名と科名　23

3. ハーブ15種類のプロフィールについて（各チェックテスト付）　24

　1 ウスベニアオイ　26
　2 ハイビスカス　30
　3 リンデン　34
　4 ネトル　38
　5 セントジョンズワート　42
　6 エキナセア　46

7　ジャーマンカモミール　50
　　8　ダンディライオン　54
　　9　マルベリー　58
　　10　ペパーミント　62
　　11　パッションフラワー　66
　　12　ラズベリーリーフ　70
　　13　ローズヒップ　74
　　14　マテ　78
　　15　エルダーフラワー　82
　　表　ハーブ15種類プロフィールまとめ　86

実践！ハーバルケア　Aさんのケース：効果的なケアで気持ちも楽に　88

第2章　メディカルハーブの作用

心身を健やかにするメディカルハーブ　90

1. メディカルハーブを摂取するメリット　90
①メディカルハーブの5つの代表的な働き

2. メディカルハーブの主な作用　91
①器官系への作用　②修復・保護作用　③精神・神経系への作用
④デトックス・活性作用　⑤皮膚・筋肉への作用　⑥その他

3. メディカルハーブの有効成分　93
①植物化学成分（フィトケミカル）　②植物化学成分の作用と性質
表　主な有効成分のグループと作用　95

4. 植物化学成分の多様な作用　96
①相乗効果　②心と体の両方への作用　③矛盾する作用

5. 植物化学成分ができるまで　97
①光合成のしくみと植物化学成分
表　植物成分の作用と有効性　98

Column　フィトケミカル豆知識①「フラボノイド」　99

表　ハーブ15種類の成分　100

Check Test　メディカルハーブの作用1、2　102, 104

実践！ハーバルケア　Bさんのケース：ハーブで体質改善、会社も休まず　106

5

第3章 メディカルハーブの選び方・使い方

メディカルハーブの選び方　108

1. **良質なハーブを手に入れるポイント**　108

2. **使用上・保存上の注意**　109
   ①使用上の注意　②保存上の注意

3. **基剤の種類と特徴**　110
   ①基剤とは　②基剤の特徴と活用法

メディカルハーブの使い方　113

1. **メディカルハーブの水溶性・脂溶性成分の活用**　113

2. **水やお湯で成分を抽出する方法**　113
   ①ハーブティー　②ハーバルバス　③蒸気吸入　④フェイシャルスチーム
   ⑤芳香浴　⑥湿布

3. **油分で成分を抽出する方法**　123
   ①浸出油　②軟膏

4. **アルコールで成分を抽出する方法**　126
   ①チンキ

5. **ハーブの粉末を使用する方法**　128
   ①パウダー

   Check Test　メディカルハーブの選び方・使い方1、2、3　130, 132, 134
   Column　フィトケミカル豆知識②「粘液質（多糖類）」　136

第4章 メディカルハーブで心身を癒す

メディカルハーブの症状別ケア　138

1. **消化器系のトラブル**　138
   ①胃腸の不調　②便秘

2. **精神的トラブル**　140
   ①不眠・抑うつ　②不安・緊張

3. **アレルギーによるトラブル**　141
   ① 花粉症　② アトピー性皮膚炎・湿疹

4. 女性特有のトラブル　143

① 月経前症候群（PMS）　②出産前後のケア
③スキンケア（シミ、色素沈着／シワ、たるみ／肌あれ）

5. その他の日常的な不調　148

① 冷え性　②ダイエット　③ 肩こり、腰痛　④目の疲れ
⑤ 風邪、インフルエンザ　⑥ 慢性疲労　⑦ 二日酔い　⑧ 外傷
⑨ スポーツ前の集中力・持久力アップ　⑩ 口臭予防

6. その他の活用方法　155

① 部屋の消臭　②ペットのケア
表 症状別サポートハーブ

Check Test メディカルハーブで心身を癒す1、2、3　158, 160, 162

実践！ハーバルケア Cさんのケース：ペットケアにもハーブを　164

第5章　メディカルハーブの歴史とこれからの医療

メディカルハーブの歴史　166

1. 古代の人々とハーブ　166

①民間療法としてのハーブ　②古代文明の発祥地とメディカルハーブ
③古代インドの医学　④古代ギリシャの医学　⑤古代中国の医学
⑥古代ローマ時代に活躍した医師　⑦中世から近世のヨーロッパ

2. 近代薬学の誕生、そして統合医療へ　169

①植物療法から近代医学へ　②近代医学への疑問　③統合医療へ
表 メディカルハーブの歴史年表①　172
表 メディカルハーブの歴史年表②　173
表 メディカルハーブの歴史年表③　174

Check Test メディカルハーブの歴史とこれから　176

参考文献　178

メディカルハーブ検定 模擬テスト1～3

模擬テスト1　180　　解答・解説　197
模擬テスト2　202　　解答・解説　220
模擬テスト3　225　　解答・解説　241

おわりに　245

7

メディカルハーブ検定とは？

　メディカルハーブ検定とは、生活の中でメディカルハーブを使用する方法や安全性、有用性など、ハーブを楽しむために知っておきたい基礎知識を認定する資格試験です。特定非営利活動（NPO）法人 日本メディカルハーブ協会の認定資格です。

　この協会は、医療従事者や学識経験者、業界関係者などが集い、1999 年に日本メディカルハーブ協会の前身であるメディカルハーブ広報センターとして設立されました。2006 年には特定非営利活動法人として法人格を取得し、日本メディカルハーブ協会に名称を変更。メディカルハーブに関する正しい情報の提供と、健全な普及を目的とする協会です。

メディカルハーブ検定の概要 (2023 年 7 月現在)

試験時間：試験時間 70 分

受験形式：オンラインによる選択方式（60 問）
　　　　　　ご自宅などインターネット環境のある場所でどこからでも
　　　　　　受験が可能。

出題範囲：協会監修『メディカルハーブ検定テキスト』（池田書店）
　　　　　　テキストは認定校、認定教室や全国の書店で購入。

実施日程：年 2 回

実施日時：試験開催年度で指定された日時に実施
2023 年度の場合では、8 月 27 日（日）から 8 月 28 日（月）21:00 までの都合のよい時間に受験が可能。

申込期間：試験前の約 2 〜 1 ヶ月前までの間

受験資格：特になし

受験料金：一般：6,600円（税込）

　　　　　学生：4,620円（税込）

　　　　　学生割引による申込はインターネットからのみ。

　　　　　学生の方は検定に受験すると、無料でご入会。

申込方法：①または②の方法で

　　　　　① 協会ホームページから直接、協会銀行口座へ振込をする。

　　　　　・クレジットカード決済（ペイジェント）

　　　　　・コンビニ決済（ペイジェント）

　　　　　・クレジットカード (Stripe)

　　　　　申込サイト　https://www.medicalherb.or.jp/

　　　　　② 郵便振替から専用振込取扱票で受験料を支払う。

　　　　　　 振込取扱票は検定テキストに付属しています。

実施要項サイト

https://www.medicalherb.or.jp/learn/exam/guidelines

＜お申込みから資格取得までの流れ＞

❶受験申込期間内に必要事項を入力、または記入し、受験料金を支払う。

　（受領証は受験票が届くまで大切に保管しておくこと）

❷協会から受験票がハガキで送付される。

❸希望会場で受験（受験票は忘れず持参すること）。

❹合否の通知が届く（約1カ月後）。

　※合格した場合には、合格証とメディカルハーブコーディネーター

　　資格認定申請についての案内が届く。

❺協会に入会し、登録申請を行うと、メディカルハーブコーディネー

　ター資格をめでたく習得！

＜合格後の流れ＞

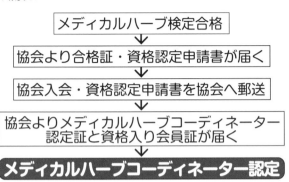

協会が認定するその他の資格

　メディカルハーブ検定以外に、協会が認定する資格について紹介します。独学で受験できる「ハーブ＆ライフ検定」と、認定校でも独学でも受験できる「メディカルハーブコーディネーター」のほか、認定校で学んだ上で受験する「ハーバルセラピスト」「日本のハーブセラピスト」「シニアハーバルセラピスト」「ハーバルプラクティショナー」「ホリスティックハーバルプラクティショナー」の計5種類の資格があります。

1. ハーバルセラピスト

　認定校・認定教室で所定のコースを受講・修了することが受験の条件（メディカルハーブ検定資格、ハーブ＆ライフ検定資格は不要）。

2. 日本のハーブセラピスト

　認定校・認定教室で所定のコースを受講・修了することが受験の条件（メディカルハーブ検定資格、ハーブ＆ライフ検定資格は不要）。

3. シニアハーバルセラピスト

　認定校で所定のコースを受講・修了することが受験の条件。受験にあたってはハーバルセラピスト資格が必要。

4. ハーバルプラクティショナー

　認定校で所定のコースを受講・修了することが受験の条件。また、受験にあたっては、シニアハーバルセラピスト資格が必要。

5. ホリスティックハーバルプラクティショナー

　認定校で所定のコースを受講・修了することが受験の条件。また、受験にあたっては、ハーバルセラピスト資格が必要。シニアハーバルセラピストおよびハーバルプラクティショナー資格の取得は不要。

※本書の内容は 2023 年 7 月時点で作成したものです。記載内容は変更される場合がありますので、必ず最新情報をご確認ください。
※試験の出題範囲や成分の分類、表記に関する内容は、改正や変更がなされる場合があります。受験する場合には事前に協会のＨＰなどで最新情報を確認しましょう。
※ NPO 法人日本メディカルハーブ協会（JAMHA 事務局）
　http://www.medhicalherb.or.jp/
※ 2024 年度より、新資格「ハーブフードセラピー実践講座（仮称）」と「エコロジカルハーバリズム（仮称）」の 2 講座の開講が予定されています。

第1章

メディカルハーブの定義と
代表的な15種類

入手しやすく、安全性の高い基本的なメディカルハーブ
15種について紹介します。単に知識として覚えるだけで
なく、実際のハーブを手に取ってみて、五感を働かせる
などして、一つひとつのハーブの個性を学びましょう。

メディカルハーブの世界

学習のポイント ●メディカルハーブの定義と用途を知る
●自然療法の特徴について学ぶ

1. メディカルハーブとは？

①ハーブとは？

ハーブとは、「薬草」「香草」と訳される香りのある植物の総称。メディカルハーブという言葉は「薬用植物」そのものを示す場合もあれば、広い意味で、ハーブに含まれる成分を健康の維持に役立てようとする分野を指すこともある。植物を利用する自然療法（ナチュロパシー）の一分野。

②ハーブの活用範囲

食料品（飲料・料理の材料）／ハーブ染めの染料／ポプリなどのクラフト／化粧品や香料／ガーデニングなど

2. 自然療法

①自然療法（ナチュロパシー）とは？

人間が本来持つ自然治癒力を高めることに焦点をあてた療法で、体に余分な負担をかけたり、傷つけたりしない方法を推奨する。病気の予防を推進し、必要以上に薬を出したり手術を施したりしない。

🌿 ベネディクト・ルスト（1872 〜 1945 年）
19 世紀の末、米国に移住したドイツ出身の医師。ニューヨーク市に「アメリカ・ナチュロパシー・スクール」を開設し、以来、ナチュロパシーが一般に知られるようになった。

14

②自然療法の誕生

自然療法を意味する「ナチュロパシー」という言葉は、19世紀後半、ヨーロッパのネイチャーキュアムーブメントから派生。ラテン語で「自然」と「病気」を意味する。

③自然療法の歴史

体に自然治癒力があるという考えは古くからある。数千年前から続くインドの伝承医学「アーユルヴェーダ」、中国の伝統医学「中医学」、古代ギリシャに伝わる「ヒポクラテス医学」、古代アラビアの「ユナニ医学」などで、どの伝統的な医学や養生法も個人の体質の違いを重視する点は共通しており、人の心と体を全体的（ホリスティック）にとらえ、心身のバランスを図ろうとする。

④ホメオスタシス（恒常性）とは？

人の自然治癒力は常に健康を維持するために働いており、何らかの原因でバランスが崩れた時も、正常に戻そうと働く。このように外部環境が変化しても内部環境である体内を一定の状態に保とうとするこの働きをホメオスタシス（恒常性）という。

🌿 クロード・ベルナール（1813 ～ 1878 年）
　フランスの生物学者・環境学者。ホメオスタシスを発見。

🌿 ウォルター・ブラッドフォード・キャノン（1871 ～ 1945 年）
　アメリカの生理学者。ホメオスタシスの概念を提唱。

⑤ホメオスタシスの働き

人間は、ホメオスタシス（恒常性）の働きにより、外部環境が変化しても、体温や心拍数、血圧、体液の浸透圧やpH等、生体機能全般がある一定の幅に収まるようになっている。ホメオスタシスの維持は、生体内にある3つの組織系「神経系、内分泌系、免疫系」による調節システムによって行われ、互いに強く影響し合っている。

たとえば、暑い時には汗を出して体温を下げ、寒い時には毛穴を閉じ、体をふるわせて熱を出す。また、風邪を引いた時は、熱を出してウイルスや細菌を攻撃し、体を守ろうとする。しかし、過度な疲労やストレス、睡眠不足などが続くと、恒常性を保とうとする機能のバランスが崩れ、健康が損なわれる。

3. 医薬品・近代医学とメディカルハーブ

① 近代医学の薬

薬用植物に含まれる有用成分のみを抽出し、その成分と同様のものを人工的に合成する技術から医薬品が誕生。現在も、多くの医薬品がメディカルハーブをもとに作られている。近代医学の薬は、単一成分で強く作用し、病んでいる箇所へ直接、部分的に働くため、外傷や緊急の場合などに有効。副作用の恐れがある。

② メディカルハーブの特徴

メディカルハーブは多種多様な成分を含むが、個々に含まれる成分量自体は医薬品に比べてとても少ない。体に穏やかに働きかけて自然治癒力をアップさせ、全身的なバランスを回復させる。そのため、慢性的な不調や心身症などを得意領域とし、副作用などの有害反応の可能性は少ないといえる。

メディカルハーブと近代医学の比較

	メディカルハーブ	医薬品
成　分	多くの成分を含む	主に単一成分
得　意	慢性的不調	外傷、緊急の場合など
領　域	心身症など	多数
作　用	穏やかに作用する、バランスを回復する	強く作用する、病んでいる部分に直接働きかける
範　囲	全身に及ぶ	一点集中、局所的
副作用	適量を守れば副作用は少ない	副作用の可能性がある

4. 植物を利用するその他の自然療法

①アロマテラピー（芳香療法）

自然の植物から抽出した精油（エッセンシャルオイル）を使った療法。精油は揮発性、脂溶性の性質を持つ芳香成分で、様々な生理作用、心理作用、薬理作用、抗菌作用を持つ。芳香浴、入浴、マッサージなどに精油を利用するもので、広い汎用性を持つハーブ療法の一分野。

メディカルハーブとの違い：

アロマテラピーで使用する精油が脂溶性成分であるのに対して、メディカルハーブは植物全体を使って、水溶性成分や脂溶性成分の両方を、内用や外用に利用する。

②フラワーエッセンス

フラワーエッセンスは、野生の花が持つ癒しのエネルギーを使った自然療法。必要に応じたエッセンスを選択し、直接舌下にたらす、水やハーブティーなどの飲み物に滴下する、ローションや軟膏に混ぜる、

お風呂のお湯に入れるなどして使用。

🌿 エドワード・バッチ（1886 〜 1936 年）

英国の医師、細菌学者。バッチ・フラワーエッセンスの生みの親。健康は肉体的な要因よりも、不安や落胆や悲しみなど、心理的不安定によって損なわれることが多いことに着目。人のマイナス感情に作用する野生の植物を研究。多種多様な花の中から様々な感情レベルの不調和に対応した 38 種のレメディー、緊張やプレッシャー、ストレス、不安、ショックなどの緊急時に使用する、5 種のエッセンスがブレンドされたレスキューレメディの合計 39 種を作成。

🌿 メディカルハーブとの違い：

フラワーエッセンスは植物エネルギー（波動）を利用するもので、植物の成分そのものを利用するのではない。一方、メディカルハーブは植物の有効成分そのものを利用。

③漢方薬

医薬品として指定されている漢方薬は、植物、動物、鉱物などを原料とし、定められた処方により多数の原料を配合したものを使う。使用上の注意があり、副作用などの可能性もある。

🌿 メディカルハーブとの違い：

漢方薬では、動物、鉱物を使用するのに対して、メディカルハーブは植物のみを使用。

Column
植物と生命維持

　私たち人間は、生きて行くためには常に道具やものを必要とし、寒い時には服を着て体を温め、強い日照りには木陰を探して暑さをしのぎ、お腹が空けば食料を必要とします。

　人を含めたあらゆる動物は、生きるエネルギーを得るために、植物が光合成で作った有機物を取り入れます。植物たちの体である葉や茎、根や実などを食べて生きているのです。

　一方、植物たちは生命を維持するために、光合成によって無機物から有機物を作り出します。つまり、生きるために必要な物質を自分で作り出すことができるのです。

　植物は、人間のように食べることを必要としない生物であることから、植物は「独立栄養生物」といわれます。また、植物は動物のように移動することなくじっとしていることから、自らが作り出した苦み成分で害虫を遠ざけたり、花や果実のよい香りやきれいな色で益虫を引き寄せたりして、生きる環境を整えています。

　人は植物の存在なくして生命の維持ができません。ですから、人は「従属栄養生物」と呼ばれているのです。私たちは今一度、植物の恩恵に感謝することが必要ではないでしょうか。

Check Test（メディカルハーブの世界）

メディカルハーブについて、下記の質問に○か×で答えなさい。

1．ハーブの邦訳は「薬草」「香草」である。（　　　）

2．メディカルハーブとは「薬用植物」であり、活用範囲は狭く限られる。（　　　）

3．自然療法は、ナチュロパシーとも呼ばれる。（　　　）

4．病気になった時、健康を維持するように働く力を健康維持力という。（　　　）

5．中国の伝承医学をアーユルヴェーダという。（　　　）

6．自然療法は、人をホリスティックにとらえる療法である。（　　　）

7．メディカルハーブの作用は部分的に作用するものである。（　　　）

8．メディカルハーブの作用は強力である。（　　　）

9．医薬品のルーツは、メディカルハーブにある。（　　　）

10．近代医学は、体の病んでいる部分にだけ働きかけようとする。（　　　）

11．個々のメディカルハーブに含まれる成分量は医薬品より多い。（　　　）

12．医薬品は主に単一成分から成るので、副作用の心配は少ない。（　　　）

13．アロマテラピーは、植物の持つ水溶性の有効成分を利用する。（　　　）

14．フラワーエッセンスは植物のエネルギーを利用する。（　　　）

15．漢方は、植物のみを利用する。（　　　）

解答・解説

1. ○

2. ×　メディカルハーブの活用範囲は広く、様々な分野である。

3. ○

4. ×　ケガや病気から回復しようとする力を自然治癒力という。

5. ×　アーユルヴェーダはインドの伝承医学。中国の伝統医学は中医学。

6. ○

7. ×　メディカルハーブの作用は全身に及ぶ。

8. ×　メディカルハーブは多様な成分を含むため、穏やかに作用する。

9. ○

10. ○

11. ×　メディカルハーブの成分量は医薬品よりも少なく、作用も穏やか。

12. ×　医薬品は副作用の可能性がある。

13. ×　精油は脂溶性成分で、アロマテラピーではそれを有効利用する。

14. ○

15. ×　漢方では植物以外にも動物や鉱物なども利用する。

メディカルハーブのプロフィール

学習のポイント ●メディカルハーブ 15 種のプロフィールを知る
●それぞれのハーブについて理解や知識を深める

1. メディカルハーブの安全性と分類

ハーブに含まれる成分によっては特定の医薬品との併用が制限されているものがあり、効果を強めたり、弱めたりする場合がある。米国ハーブ製品協会（AHPA：American Herbal Products Association）では、約 500 種類のメディカルハーブについて安全性を評価し、クラス 1 〜 3 の 3 つの段階に分類している。また薬物との相互作用についてもクラス A 〜 C に分類している。これを安全性の目安として参考にするとよい。詳細は『メディカルハーブ安全性ハンドブック』（特定非営利活動法人日本メディカルハーブ協会監修、東京堂出版）で確認することができる。

＜AHPA によるメディカルハーブの安全性と相互作用の分類＞
🌿安全性：
・クラス 1　適切な使用において安全に摂取できる
・クラス 2　2 a　外用のみに使用する（湿布、パックなど）
　　　　　　2 b　妊娠中に使用しない（エストロゲン作用等がある）
　　　　　　2 c　授乳期中に使用しない
　　　　　　2 d　特定の使用制限がある
・クラス 3　資格のある専門家の監督下においてのみ使用する
🌿相互作用：
・クラス A　相互作用が予測されないハーブ
・クラス B　相互作用が起こりうることが生物学的に妥当であるハーブ

・クラスC　相互作用が起きることが知られているハーブ

＊『メディカルハーブ検定テキスト』に掲載されているハーブの中では、セントジョンズワートがクラス2dとして光線治療中には使用禁忌であり、クラスCとしてCYP450酵素およびP-糖たんぱく質を誘導するため、代謝または排出が増え、薬物の血中濃度が減少して薬の治療活性を弱める可能性がある。また、マテはクラスCとして気管支拡張剤またはアドレナリン薬を含むほかのCNS刺激薬とカフェインとの併用で、神経過敏、イライラ、不眠、けいれんや不整脈といった過度の中枢神経刺激を引き起こす可能性がある。
＊「天然のものは安心」と過信せず、十分な知識を持って慎重に摂取すること。
＊これらの安全性や相互作用は参考情報であり、検定試験での出題対象ではない。

2. 学名と科名

植物の学名は、国際植物命名規約にもとづいて、「属名（generic name）」、「種小名（specific epithet）」をラテン語で記し、最後に「命名者」を付記する二命名法によって表される。この命名法は「分類学の父」と呼ばれる、スウェーデンのカール・フォン・リンネ（1707〜1778年）によって体系付けられた。このラテン語による表記を全世界の共通ルールとすることで、植物の名前を特定したり共有することができる。

＜学名表記のルール＞
属名と種小名はイタリック（斜字体）で表し、属名は大文字で始まる。種は植物分類の基本単位で、その種を集めたグループが属。その属を集めたものが科となっている。
科名については、下記2つの分類法がある。

🌿 APG Ⅱ：
　1990年以降の新しい分類で、DNA解析により分類したもの。

🌿新エングラー体系：
　形態を中心として形が似ているものを分類したもの。

APG Ⅱによる分類は新しく導入された表記であり、新エングラー体系はこれまで使われてきた表記。今後 DNA の解析が進めば、植物によっては科名が変わる可能性がある。本章で紹介するメディカルハーブのうち、エルダーフラワーとリンデンは新旧の科名を併記。
ex.）エルダーフラワーの場合
　　学名：*Sambucus nigra*
　　科名：レンプクソウ科（スイカズラ科）
APG Ⅱによる分類 ⌐↑　　↑⌐ 新エングラー体系による分類

3. ハーブ 15 種類のプロフィールについて

検定の出題対象となっているメディカルハーブは 15 種類。本書では、科名順にそれぞれのハーブのプロフィールを紹介する。

アオイ科：
　１．ウスベニアオイ、２．ハイビスカス、３．リンデン
イラクサ科：
　４．ネトル
オトギリソウ科：
　５．セントジョンズワート
キク科：
　６．エキナセア、７．ジャーマンカモミール、８．ダンディライオン
クワ科：
　９．マルベリー

- シソ科：
    10. ペパーミント
- トケイソウ科：
    11. パッションフラワー
- バラ科：
    12. ラズベリーリーフ、13. ローズヒップ
- モチノキ科：
    14. マテ
- レンブクソウ科：
    15. エルダーフラワー

第1章 メディカルハーブの定義と代表的な15種類のハーブ

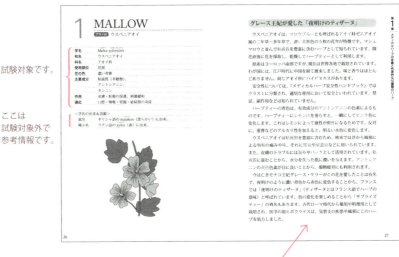

試験対象です。

ここは
試験対象外で
参考情報です。

試験対象の重要語句が
赤字になっています。
赤シートで繰り返し確認しましょう。

25

1 MALLOW

アオイ科 ウスベニアオイ

学名	*Malva sylvestris*（マルウァ シルウェストゥリス）
和名	ウスベニアオイ
科名	アオイ科
使用部位	花部
花の色	濃い青紫
主要成分	粘液質（多糖類）、アントシアニン、タンニン
作用	皮膚・粘膜の保護、刺激緩和
適応	口腔・咽喉・胃腸・泌尿器の炎症

＜学名の由来＆語源＞
- 属名　　ギリシャ語の malakos（マラコス）（柔らかい）に由来。
- 種小名　ラテン語の *sylva*（シュルウァ）（森）に由来。

グレース王妃が愛した「夜明けのティザーヌ」

ウスベニアオイは、マロウブルーとも呼ばれるアオイ科ゼニアオイ属の二年草～多年草で、濃い青紫色の５枚の花弁が特徴です。マシュマロウと並んで粘液質を豊富に含むハーブとして知られています。開花直後に花を採取し、乾燥してハーブティーとして利用します。

原産はヨーロッパ南部ですが、現在は世界各地で栽培されています。わが国には、江戸時代に中国を経て渡来しました。味と香りはほとんどありません。同じアオイ科にハイビスカスがあります。

安全性については、『メディカルハーブ安全性ハンドブック』ではクラス１に分類され、適切な使用において安全といわれています。禁忌、副作用などは知られていません。

ハーブティーの青色は、有効成分のアントシアニンの色素によるものです。ハーブティーにレモン汁を垂らすと、一瞬にしてピンク色に変色します。これはレモンによって液性が酸性になるためです。反対に、重曹などのアルカリ性を加えると、明るい水色に変色します。

ウスベニアオイは粘液質を豊富に含むため、欧米では昔から風邪による咽喉の痛みや咳、それに胃炎や尿道炎などに用いられています。また、皮膚のトラブルには湿布やパックとして活用されています。粘液質に富むことから、水分を失った肌に潤いを与えます。アントシアニンの青色色素が目に良いことから、眼精疲労にも利用されます。

今は亡きモナコ王妃グレース・ケリーがこの花を愛したことは有名で、夜明けのように濃い青色から赤色に変色することから、フランスでは「夜明けのティザーヌ」（ティザーヌとはフランス語でハーブの意味）と呼ばれています。色の変化を楽しめることから「サプライズティー」の異名もあります。古代ローマ時代から薬用や料理用として栽培され、医学の祖ヒポクラテスは、気管支の疾患や風邪にこのハーブを処方しました。

Check Test（1. ウスベニアオイ）

ウスベニアオイについて、下記の質問に○か×で答えなさい。

1．ハーブティーにレモン汁をたらすと水色になる。（　　）

2．成分にタンニンが含まれている。（　　）

3．ヒポクラテスは風邪にウスベニアオイを処方した。（　　）

4．免疫力を高めるハーブとして知られている。（　　）

5．科名はシソ科である。（　　）

6．一般にはマロウブルーと呼ばれている。（　　）

7．春季療法に用いられる。（　　）

8．花の色は白色である。（　　）

9．皮膚のトラブルに湿布やパックとして利用される。（　　）

10．学名は *Morus alba* である。（　　）

11．ウスベニアオイの青色はフラボノイドの色である。（　　）

12．代謝促進の作用がある。（　　）

13．使用部位は地上部全体である。（　　）

14．泌尿器の炎症を起こした際に用いられる。（　　）

15．成分に多糖類が含まれている。（　　）

解答・解説

1. × レモン汁をたらすと液性が酸性になるのでピンク色に変わる。

2. ○

3. ○

4. × 免疫力を高めるハーブはエキナセア。

5. × ウスベニアオイはアオイ科に属する。

6. ○

7. × 春季療法に使われるのはネトルなど。

8. × ウスベニアオイの花の色は、白色ではなく濃い青紫色。

9. ○

10. × *Morus alba* はマルベリー。ウスベニアオイは *Malva sylvestris*。
    （モルス　アルバ）　　　　　　　　　　　　　　　　　（マルヴァ　シルウェストリス）

11. × ウスベニアオイの青色はアントシアニン色素の色。

12. × 代謝促進の作用があるハーブはハイビスカス。

13. × ウスベニアオイの使用部位は花部。地上部全体はパッションフラワー。

14. ○

15. ○

2 HIBISCUS
アオイ科 ハイビスカス

学名	*Hibiscus sabdariffa* (ヒビスクス サブダリファ)
科名	アオイ科
使用部位	萼部(がく)
花の色	クリーム色
主要成分	植物酸（クエン酸、リンゴ酸、ハイビスカス酸）
	粘液質（多糖類）、
	アントシアニン色素（ヒビスシンなど）
	ペクチン、ミネラル（カリウム、鉄）
作用	代謝促進、消化機能促進、緩下、利尿
適応	肉体疲労、眼精疲労、便秘、循環不良

＜学名の由来＆語源＞
　属名　　エジプトの美の女神 Hibis(ヒビス) とギリシャ語の isko(イスコー)（似る）が語源。
　種小名　語源は不明。

ワインレッドに輝く天然のスポーツドリンク

ハイビスカスは、古代エジプト時代から飲用や染料として使用されてきたハーブです。観賞用のものではなく、食用のローゼル種を用います。世界3大美女の一人といわれるクレオパトラも飲用していたとされ、それが彼女の美の秘訣の一つだったといわれています。

さわやかな酸味と美しいワインレッドの色を持つハイビスカスティーは、成分にクエン酸などの植物酸やミネラルを含み、体内のエネルギー代謝を促し、肉体疲労の回復を早めてくれる働きがあります。

世界中で女性の人気を得ているこのハーブティーは、アフリカ各地で全草が利用され、アフリカや中近東など世界各地の熱帯地方で古くから飲まれています。わが国には明治時代に、シンガポールから沖縄に伝わったといわれています。

このハーブティーが一躍有名になったのは、1964年の東京オリンピックでした。マラソンで金メダルを獲得したエチオピアのアベベ選手が、スペシャルドリンク（給水用のドリンク）にハイビスカスティーを使用していたのです。日本ではまだハーブティーがあまりなじみのないものだったので、印象的なエピソードだったといわれています。

ハイビスカスティーは酸味が強いので、蜂蜜やジャムを加える飲み方もあります。ビタミンCがそれほど含まれていないので、ローズヒップとブレンドすると美容効果が高まり、鋭い酸味もまろやかになって飲みやすくなります。人気のブレンドです。

ブルーベリーやウスベニアオイと同様、アントシアニン色素が豊富なので、眼精疲労にも効果的です。また、カリウムが含まれていて利尿作用も高いので、むくみにもおすすめです。

安全性については、『メディカルハーブ安全性ハンドブック』ではクラス1に分類され、適切に使用する場合は安全に摂取することができるハーブです。

Check Test （**2. ハイビスカス**）

ハイビスカスについて、下記の質問に○か×で答えなさい。

1. 成分にカロテノイドが含まれている。（　　）

2. 花の色は赤である。（　　）

3. 成分にはクエン酸を含んでいる。（　　）

4. 科名はバラ科である。（　　）

5. ハイビスカスは女性に優しい安産のお茶として知られている。（　　）

6. ハーブティーにレモン汁をたらすと瞬時にピンクに変色する。（　　）

7. さわやかな酸味と美しいワインレッドの色を持つ。（　　）

8. 代謝機能の促進作用はあるが、消化機能の促進作用はない。（　　）

9. 一般的にローゼルとも呼ばれている。（　　）

10. 使用部位は偽果である。（　　）

11. 成分にヒビスシンを含む。（　　）

12. 成分にヒペロシドを含む。（　　）

13. 成分にビテキシンを含む。（　　）

14. 肉体疲労や眼精疲労に効果がある。（　　）

15. 成分にペクチンを含む。（　　）

解答・解説

1. ×　カロテノイドを含むのは、ローズヒップ。

2. ×　赤いハイビスカスは観賞用で、メディカルハーブ用はクリーム色。

3. ○

4. ×　ハイビスカスはアオイ科。バラ科はラズベリーリーフ、ローズヒップ。

5. ×　安産のお茶として知られているのはラズベリーリーフ。

6. ×　レモン汁をたらすとピンク色になるのは、ウスベニアオイ。

7. ○

8. ×　ハイビスカスには、代謝機能促進とともに消化機能促進の作用がある。

9. ○

10. ×　偽果を使用するのはローズヒップ。ハイビスカスの使用部位は萼部。

11. ○

12. ×　ヒペロシドを含むのはリンデンとセントジョンズワート。

13. ×　ビテキシンを含むのはパッションフラワー。

14. ○

15. ○

3 LINDEN

アオイ科　リンデン

学名	*Tilia europaea* (ティリア エウロパエア)
和名	セイヨウボダイジュ
科名	アオイ科（シナノキ科）
	※アオイ科は新しい科名、シナノキ科はこれまで使われてきた科名
使用部位	花部（苞）、葉部
花の色	クリーム色
主要成分	フラボノイド配糖体（ルチン、ヒペロシド、ティリロシド）、アラビノガラクタン（粘液質）、タンニン、カフェ酸、クロロゲン酸、精油（ファルネソール）
作用	発汗、利尿、鎮静
適応	風邪、上気道カタル、高血圧、不眠

＜学名の由来＆語源＞
　属名　　ラテン語の *tilia*（ティリア）（シナノキ）が語源。
　種小名　ヨーロッパの意味。

甘い香りのグッドナイトティー

リンデンは、ヨーロッパの植物療法で、古くから高血圧や不眠、風邪やインフルエンザなどに用いられてきました。葉には鎮静、発汗、利尿の３つの働きがあります。高さが 20 〜 30m の巨木で、ハート型の葉が美しく生育もよいので、広場や教会に植えられ、街路樹としても利用されています。ドイツやフランスを代表する樹木でもあり、シューベルトの歌曲「Lindenbaum」（菩提樹：リンデン）に歌われている木としても有名です。

千の用途があるといわれるリンデンは、初夏に甘い香りを漂わせるクリーム色の花を咲かせます。精油成分のファルネソールが放つ甘い芳香は、不安や興奮を鎮め、心身の緊張を和らげます。グッドナイトティーとして寝る前に飲用すると、質の高い睡眠をもたらします。オレンジフラワーとのブレンドが有名です。また、花からは蜂蜜も取れます。

リンデンはフラボノイドとフェノール化合物を含む発汗ハーブとして有名で、エルダーフラワーと共通の成分と作用を持ちます。発汗作用や鎮静作用があることから風邪をひいた時に用いられ、子どものための優れた解熱剤としても知られています。また、神経を鎮める作用は、落ち着きのない子どもにも効果的です。それ以外にも、痛みを緩和したり、筋肉の緊張をほぐしたりする作用もあります。ドイツの小児科では、風邪のひきはじめにリンデンとペパーミントのブレンドハーブティーが処方されます。またイギリスハーブ薬局方では鎮静、鎮痙、発汗、降圧、エモリエント（柔軟化）作用と緩やかな収れん作用が報告されており、適応症として上気道カタルや風邪、高血圧や不眠などがあげられています。

安全性については、『メディカルハーブ安全性ハンドブック』ではクラス１で、適切に使用する場合は、安全に摂取できるハーブです。

Check Test（3. リンデン）

リンデンについて、下記の質問に○か×で答えなさい。

1．発汗、利尿、鎮静作用がある。（　　）

2．α-ビサボロールやカマズレンといった精油成分が含まれる。（　　）

3．成分にはタンニンが含まれている。（　　）

4．使用部位は花部である。（　　）

5．成分にはフラガリンが含まれている。（　　）

6．モチノキ科の植物である。（　　）

7．主成分にアラビノガラクタンを含んでいる。（　　）

8．植物酸や豊富なビタミンCが含まれている。（　　）

9．*Tilia miqueliana* はリンデンの学名である。（　　）

10．牛乳との相性がよいため、ミルクティーとして飲んでもよい。（　　）

11．「植物性のトランキライザー」と呼ばれている。（　　）

12．発汗作用があり、「インフルエンザの特効薬」と呼ばれている。（　　）

13．成分に没食子酸が含まれている。（　　）

14．成分にビテキシンを含んでいる。（　　）

15．過敏性腸症候群などの心身症に用いられることがある。（　　）

解答・解説

1. ○

2. ×　リンデンに含まれる精油成分はファルネソール。

3. ○

4. ×　リンデンの使用部位は花部（苞）と葉部。

5. ×　フラガリンが含まれているのはラズベリーリーフ。

6. ×　モチノキ科はマテ。リンデンはアオイ（シナノキ）科。

7. ○

8. ×　植物酸や豊富なビタミンCが含まれているのはローズヒップ。

9. ×　設問は日本のボダイジュ。リンデンの学名は *Tilia europaea*。

10. ×　ミルクティーに向いているのはジャーマンカモミールやマテ。

11. ×　「植物性のトランキライザー」と呼ばれるのはパッションフラワー。

12. ×　「インフルエンザの特効薬」と呼ばれているのはエルダーフラワー。

13. ×　没食子酸が含まれているのはラズベリーリーフ。

14. ×　ビテキシンを含むのはパッションフラワー。

15. ×　過敏性腸症候群などの心身症に用いられるのはペパーミント。

4 NETTLE

イラクサ科　ネトル

学名	*Urtica dioica*（ウルティカ ディオイカ）
和名	セイヨウイラクサ
科名	イラクサ科
使用部位	葉部
花の色	淡桃色
主要成分	フラボノイド（クエルセチン）、フラボノイド配糖体（ルチン）、クロロフィル、フィトステロール（β-シトステロールなど）β-カロテン、ビタミンC、葉酸、ミネラル（ケイ素、カルシウム、カリウム、鉄）
作用	利尿、浄血
適応	花粉症やアトピーなどのアレルギー疾患、痛風、リウマチ

＜学名の由来＆語源＞

属名	ネトルの棘が刺さると焼けるように痛いことから、ラテン語の *uro*（ウーロー）（焼く）に由来。
種小名	ラテン語の *dioica*（ディオイカ）（雌雄異株の）に由来。

アレルギーを予防する春季療法のハーブ

　ヨーロッパ、特にドイツでは、古くから春季療法において、春先に起こるアレルギー疾患などを予防するために、ネトルのハーブティーが使われてきました。これは現在でも続けられています。

　ネトルは繊維質の植物で、青銅器時代から20世紀まで織物に利用されてきました。アンデルセン童話の「白鳥の王子」という物語の中で、主人公の王女が、白鳥の姿に変えられてしまった兄弟たちの呪いをとくために、布に織り上げてシャツを縫うようにといわれた植物がネトルです。また、南北戦争時代のアメリカでは、ネトルの茎と葉の浸出液に漬けた包帯が、外傷の止血用に用いられました。

　ネトルは土中の鉄分などを吸収するため、ビタミンAのほか、鉄分、カルシウム、カリウム、ケイ素などのミネラル類が豊富なうえ、フラボノイドやクロロフィルも多く含有しています。浄血作用があるので花粉症やアトピーなどのアレルギー疾患、リウマチなどの体質改善の目的で用いられます。利尿作用が強く、体内の老廃物や尿酸を排泄することから、痛風や尿道炎などにも用いられます。さらに、鉄分や葉酸、ビタミンCを含むことから、妊婦さんや授乳時の貧血対策にも最適です。ネトルの煎じ汁は肌をきれいにするともいわれています。

　ネトルの葉は、触れると痛いほどの刺毛に覆われています。皮膚に炎症を起こさせるアセチルコリンなどが含まれているため、触れた後は赤く腫れることがあります。これは腺毛に含まれているヒスタミン酸などの成分がアレルギー反応を起こすことが原因です。ネトルの生薬名は蕁麻と言いますが、これは触れると痛みと共に発疹が出るからで、蕁麻疹や麻疹の語源となっています。

Check Test（4. ネトル）

ネトルについて、下記の質問に○か×で答えなさい。

1．免疫力を高めるハーブとして有名で、昔から利用されている。（　　　）

2．和名はセイヨウニワトコである。（　　　）

3．ネトルは、現在は春季療法として使われていない。（　　　）

4．ネトルにはケイ素などのミネラルが豊富に含まれている。（　　　）

5．使用部位は花部である。（　　　）

6．成分にデオキシノジリマイシンを含んでいる。（　　　）

7．ネトルはモチノキ科である。（　　　）

8．植物性のトランキライザーと呼ばれている。（　　　）

9．利尿、浄血作用があり、体質改善の目的で用いられる。（　　　）

10．ローズヒップとブレンドすると相乗効果が得られ風味も増す。（　　　）

11．伝統医療でナチュラルメディスンとして用いられてきた。（　　　）

12．カロテノイドやクロロフィルを豊富に含んでいる。（　　　）

13．脳の働きを活性化して活力を高め、利尿効果をもたらす。（　　　）

14．成分にティリロシドなどのフラボノイド配糖体を含んでいる。（　　　）

15．ネトルのクロロフィルはα‐グルコシダーゼの働きを阻害する。（　　　）

解答・解説

1. ×　免疫力を高めるのはエキナセア。

2. ×　セイヨウニワトコはエルダーフラワーの和名。

3. ×　ネトルは現在もアレルギーの予防に春季療法で使われている。

4. ○

5. ×　ネトルの使用部位は葉部。

6. ×　デオキシノジリマイシンを含んでいるのは、マルベリー。

7. ×　モチノキ科はマテ。ネトルはイラクサ科。

8. ×　「植物性のトランキライザー」はパッションフラワー。

9. ○

10. ×　ローズヒップと相乗効果が得られるのは、ハイビスカス。

11. ×　ナチュラルメディスンとして用いられてきたのはダンディライオン。

12. ×　ネトルは、フラボノイドやクロロフィルを豊富に含む。

13. ×　脳の働きを活性化して活力を高め、利尿効果をもたらすのはマテ。

14. ×　ティリロシドなどのフラボノイド配糖体を含むのはリンデン。

15. ×　α‐グルコシダーゼの働きを阻害するのはマルベリーのデオキシノジリマイシン（DNJ）。

5 ST. JOHN'S WORT

オトギリソウ科 セントジョンズワート

学名	*Hypericum perforatum* (ヒペリクム ペルフォラトゥム)
和名	セイヨウオトギリソウ
科名	オトギリソウ科
使用部位	開花時の地上部
花の色	黄色
主要成分	ヒペリシン、フラボノイド配糖体（ヒペロシド、ルチン）ハイパーフォリン、タンニン、精油
作用	抗うつ、消炎、鎮痛
適応	軽度～中等度のうつ、月経前症候群（PMS）、創傷

＜学名の由来＆語源＞

属名　　ギリシャ語の hyper（ヒュペル）（過度の）と ereikē（エレイケー）（荒野）が由来。

種小名　ラテン語の *perforo*（ペルフォロー）（貫く、刺し通す）に由来。

「サンシャインサプリメント」

　セントジョンズワートは夏至（聖ヨハネの日）の頃に黄色い花をつけることから、バプテスマの聖ヨハネの草と呼ばれており、この時期に収穫すると最も治癒力が強いといわれています。近年、科学的研究が進み、抑うつに対する効果が確認されるようになりました。ドイツでは医薬品として患者に処方されています。暗い心に明るさを取り戻すことから、「サンシャインサプリメント」と呼ばれ、季節性感情障害（SAD）や更年期のうつにも用いられています。

　神経性の疾患に効果があることから、中世ヨーロッパでは、悪魔祓いができる薬草と考えられていました。属名の*Hypericum*^{ヒペリクム}には、悪魔を制するという意味があります。ネイティブアメリカンは、抗炎症薬や消毒薬、人工妊娠中絶薬として使っていたといわれています。古くは十字軍の戦いの際、兵士の傷口を治すためにも用いられました。

　セントジョンズワートのハーブを植物油で浸出し、ヒペリシンを含む赤色色素を溶出させたセントジョンズワート油は、外傷や火傷に外用され、アロマテラピーの基材としても用いられます。また、チンキ剤は、消毒、鎮痛、消炎の目的で用いられます。

　安全性については、『メディカルハーブ安全性ハンドブック』ではクラス２ｄで、光線治療中には使用禁忌であり、注意が必要とされます。

　薬との相互作用はクラスＣとして薬物代謝酵素を誘導するため、2000年５月10日、厚生省（当時）はセントジョンズワート含有食品と次の医薬品との併用に関する注意を促す発表を行いました。インジナビル（抗HIV薬）、ジゴキシン（強心薬）、シクロスポリン（免疫抑制薬）、テオフィリン（気管支拡張薬）、ワルファリン（血液凝固防止薬）、経口避妊薬。

Check Test（5. セントジョンズワート）

セントジョンズワートについて、下記の質問に○か×で答えなさい。

1．季節性感情障害に効果的である。（　　）

2．花の色は青紫である。（　　）

3．「植物性のトランキライザー」と呼ばれている。（　　）

4．ビタミンCの爆弾と呼ばれている。（　　）

5．ハイパーフォリンを主要成分に持っている。（　　）

6．科名はシソ科である。（　　）

7．北米先住民が最も大切にしたハーブである。（　　）

8．セントジョンズワートの和名はセイヨウニワトコである。（　　）

9．南米3カ国に生育するカフェイン含有ハーブである。（　　）

10．粘液質を豊富に含んでいる。（　　）

11．サンシャインサプリメントと呼ばれている。（　　）

12．夏至の日に収穫すると最も治癒力が強いといわれている。（　　）

13．アレルギー疾患や体質改善の目的で用いられる。（　　）

14．強肝、利胆作用がある。（　　）

15．ℓ-メントールのさわやかな香りが眠気を吹き飛ばしてくれる。（　　）

解答・解説

1．〇

2．× セントジョンズワートの花の色は黄色。

3．× 「植物性のトランキライザー」は、パッションフラワー。

4．× ビタミンCの爆弾と呼ばれているのはローズヒップ。

5．〇

6．× セントジョンズワートはオトギリソウ科。

7．× 北米先住民が最も大切にしたハーブはエキナセア。

8．× 和名はセイヨウオトギリソウ。

9．× 南米3カ国に生育するカフェイン含有ハーブは、マテ。

10．× 粘液質が豊富なのはウスベニアオイやハイビスカス、エルダーフラワー。

11．〇

12．〇

13．× アレルギー疾患や体質改善の目的で用いられるのはネトルなど。

14．× 強肝、利胆作用があるのはダンディライオン。

15．× ℓ-メントールが含まれるのはペパーミント。

6 ECHINASEA

キク科 エキナセア

学名	*Echinacea angustifolia*（エキナケア アングスティフォリア）、*Echinacea purpurea*（エキナケア プルプレア）、 *Echinacea pallida*（エキナケア パリダ）
科名	キク科
使用部位	地上部、根部
花の色	ピンク色
主要成分	エキナコシド、シナリン 多糖類、イソブチルアミド
作用	免疫賦活、創傷治療
適応	風邪、インフルエンザ、尿道炎、治りにくい傷

＜学名の由来＆語源＞
- 属名　　ハリネズミを意味するギリシャ語の *echinos*（エキーノス）が語源。
- 種小名　ラテン語の *angustus*（狭い）と *folius*（葉の）の意味。*purpurea*（プルプレア）はギリシャ語の *porphyra*（ポルフュラ）（テツホラガイ、紫の染料）に由来。*pallida*（パリダ）は「青白い」の意味。

免疫系に働くハーブ

　北米大陸原産で「インディアンのハーブ」と呼ばれるエキナセアは、伝染病や毒蛇に咬まれた時などの治療薬として利用され、北米先住民が最も大切にしてきたハーブです。現在でもアメリカでは常にベスト3に入るほどポピュラーで人気のある多年草のハーブです。

　第2次世界大戦後にドイツの科学者が自国に持ち帰ったことからヨーロッパでの栽培が始まり、エキナセアの科学的研究が進みました。免疫賦活作用や抗ウイルス作用などの有効性が確認され、「免疫力を高めるハーブ」として広く知られています。青臭いハーバルな香りと、独特の風味があります。わが国に入ってきたのは昭和初期頃です。

　エキナセアに含まれる多糖類がマクロファージの活動を活発にし、インターフェロンの産生を促進することが報告されており、「天然の抗生物質」ともいわれます。現在ではヨーロッパなどで風邪やインフルエンザ、カンジダや尿道炎、膀胱炎、ヘルペスなどの感染症に、医薬品の補助療法や予防に用いられ、治りにくい傷には外用されます。

　もともとは根部を使用していましたが、現在では地上部も用いられるようになっています。生のしぼり汁のほか、チンキ剤やカプセル剤などにも製剤され利用されています。

　安全性については、『メディカルハーブ安全性ハンドブック』ではクラス1に分類され、適切な使用において安全とされますが、キク科アレルギーの人は注意が必要です。

　また、ドイツのコミッションEモノグラフ＊（German Commission E Monographs）では、*E. purpurea* と *E. pallida* について使用期間を8週間以内としています。

＊）ドイツ政府により1978年に設立された薬用植物の評価委員会が編集した研究論文（モノグラフ）で、用法や用量、有害な作用や禁忌事項、ほかの薬物との相互作用などの記載がある。

Check Test（**6. エキナセア**）

エキナセアについて、下記の質問に○か×で答えなさい。

１．ハイパーフォリンという成分を含んでいる。（　　　）

２．科名はモチノキ科である。（　　　）

３．風邪やカンジダ、尿道炎などの感染症予防に用いられる。（　　　）

４．白い花を咲かせる一年草である。（　　　）

５．使用部位は花部である。（　　　）

６．免疫賦活作用がある。（　　　）

７．南米先住民が最も大切にしたハーブとして知られる。（　　　）

８．毒蛇に咬まれた時に用いられたハーブである。（　　　）

９．欧米では「インフルエンザの特効薬」と呼ばれている。（　　　）

10．使用部位は偽果である。（　　　）

11．*Echinacea purpurea* はエキナセアの学名である。（　　　）

12．世界各地の伝統医療で自然薬として用いられてきた歴史がある。（　　　）

13．生活習慣病の予防に役立つ。（　　　）

14．ビタミンＣが豊富で、美容効果を高める。（　　　）

15．医薬品との併用に特に注意しなければならない。（　　　）

解答・解説

1. ×　ハイパーフォリンはセントジョンズワートの成分。

2. ×　モチノキ科の植物はマテで、エキナセアはキク科。

3. ○

4. ×　エキナセアはピンク色の花を咲かせる多年草。

5. ×　エキナセアの使用部位は地上部と根部。

6. ○

7. ×　エキナセアは、北米先住民が最も大切にしたハーブ。

8. ○

9. × 　「インフルエンザの特効薬」と呼ばれているのはエルダーフラワー。

10. × 　エキナセアの使用部位は地上部と根部。偽果はローズヒップ。

11. ○

12. × 　自然薬として用いられてきたのはダンディライオン。

13. × 　生活習慣病の予防に役立つのは、マルベリーなど。

14. × 　ビタミンCが豊富に含まれているのはローズヒップ。

15. × 　医薬品との併用に注意が必要なのはセントジョンズワート。

7 GERMAN CHAMOMILE

キク科 ジャーマンカモミール

学名	*Matricaria chamomilla*、*Matricaria recutita*
和名	カミツレ
科名	キク科
使用部位	花部
花の色	白色
主要成分	精油（α-ビサボロール、カマズレン）
	マトリシン、フラボノイド（アピゲニン、ルテオリン）
作用	消炎、鎮静、鎮痙、駆風
適応	胃炎、胃潰瘍、月経痛、皮膚炎

＜学名の由来＆語源＞
  属名　　ラテン語の *matrix*（子宮）が語源。
  種小名　ギリシャ語の chamai（地面の低いところで）と melon（リンゴのように匂うもの）の合成語。*recutita* は「下に打ち付ける」という意味。

お母さんのようにやさしいハーブ

　ジャーマンカモミールは、ピーターラビットの童話にも登場する、世界で最も親しまれているハーブの一つです。キク科シカギク属の1年草で、ヨーロッパから西アジアに分布し、花が全開になると採取して乾燥させます。

　別名、大地のリンゴとも呼ばれるジャーマンカモミールは、その名の通り甘い青リンゴの香りのさっぱりとした風味がします。

　心身をリラックスさせるとともに消炎作用を発揮し、ストレスによる胃炎、胃潰瘍、不眠などに幅広い薬効を示すため、家庭の薬箱にあるような定番ハーブになっています。また、便秘解消、冷え性緩和、月経痛の緩和や生理不順などの婦人科系の症状に用いられたり、美肌効果などもあり、「マザーハーブ（母の薬草）」とも呼ばれています。牛乳と相性がよく、ミルクティーとしても楽しめます。

　カモミールは「植物のお医者さん」とも呼ばれ、コンパニオンプランツとして利用されます。たとえば、バラのそばにカモミールを植えておくと、アブラムシはカモミールにつくため、バラへの被害が避けられます。また、弱った植物のそばに植えると、その植物が元気を取り戻すともいわれています。

　ジャーマンカモミールは4千年以上前のバビロニアにおいて、すでに薬用として用いられていたといわれています。ヨーロッパでは最も古くから活用されている歴史ある民間薬の一つです。わが国には江戸時代にオランダやポルトガルなどから持ち込まれ、1962年の日本薬局方第7改正まで、日本薬局方にカミツレ花として収載されていました。多くの国で化粧品に処方されています。

　安全性については、『メディカルハーブ安全性ハンドブック』ではクラス1に分類され、適切な使用において安全といわれています。禁忌や副作用などは知られていません。ただし、キク科アレルギーの人は注意が必要です。

Check Test（7. ジャーマンカモミール）

ジャーマンカモミールについて、下記の質問に○か×で答えなさい。

1．使用部位は花部と葉部である。（　　　）

2．ストレスによる胃炎や胃潰瘍などの症状に用いられる。（　　　）

3．科名はクワ科である。（　　　）

4．レモンとの相性がいいのでレモンティーで飲む。（　　　）

5．免疫力を高めるハーブとして広く知られている。（　　　）

6．成分に精油が含まれている。（　　　）

7．春先のアレルギーの予防に春季療法として積極的に使われる。（　　　）

8．クエン酸などの成分が肉体疲労の回復を早めてくれる。（　　　）

9．世界の三大ティーに数えられている。（　　　）

10．ビタミンＣの爆弾と呼ばれている。（　　　）

11．女性に優しい成分があるので、安産のお茶として知られている。（　　　）

12．クロロフィルや鉄分、カルシウムや亜鉛などのミネラルが豊富。（　　　）

13．強肝や利胆の作用があるハーブである。（　　　）

14．夏至の日に収穫すると最も治癒力が強いといわれる。（　　　）

15．葉を使ったハーブティーで、フランボワーズの香りがする。（　　　）

解答・解説

1．× ジャーマンカモミールの使用部位は花部のみ。

2．○

3．× クワ科はマルベリー、ジャーマンカモミールはキク科。

4．× 牛乳と相性がいいので、ミルクティーとして飲む。

5．× 免疫力を高めるハーブはエキナセア。

6．○

7．× 春季療法に使われるのはネトルなど。

8．× クエン酸の成分が疲労回復に使われるのはハイビスカス。

9．× 世界の三大ティーは、西洋のコーヒー、東洋の茶、そしてマテ。

10．× ビタミンCの爆弾と呼ばれているのはローズヒップ。

11．× 安産のお茶として知られているのはラズベリーリーフ。

12．× これらの成分を豊富に含んでいるのはマルベリー。

13．× 強肝や利胆の作用があるハーブはダンディライオンなど。

14．× 夏至の日の収穫が治癒力を高めるのはセントジョンズワート。

15．× フランボワーズの香りがするのはラズベリーリーフ。

8 DANDELION
キク科 ダンディライオン

学名	*Taraxacum officinale* (タラクサクム オフィキナレ)
和名	セイヨウタンポポ
科名	キク科
使用部位	根部
花の色	黄色
主要成分	イヌリン（多糖類）、タラキサステロール
	苦味質（タラキサシン）、カフェ酸
	ミネラル（カリウム、カルシウム）
作用	強肝、利胆、緩下、催乳
適応	肝胆系の不調、便秘、消化不良、リウマチ

＜学名の由来＆語源＞

　属名　　ペルシャ語の talkh chakok（タルフ チャコーク）（苦い草）が語源。

　種小名　ラテン語で薬用の意味。

ノンカフェインのヘルシーコーヒー

ダンディライオン（Dandelion）はラテン語の *Dens leonis*、あるいはフランス語の Dent de Lion（ともにライオンの歯の意味）に由来しています。独特のギザギザした葉の形が、ライオンの歯並びにたとえられたものです。

繁殖力の強いダンディライオンは、世界各地に自生し、栽培もされており、伝統医学で自然薬（ナチュラルメディスン）として用いられてきた歴史を持ちます。インドのアーユルヴェーダやアラビアのユナニ医学では、肝臓や胆のうの不調、リウマチなどの体質改善に利用され、北米先住民は腎臓病や皮膚病に用いてきました。わが国でもダンディライオンの根は、漢方薬として強肝、利胆、緩下、催乳を目的に幅広く活用され、現在に至っています。また、消化不良やそれに伴う便秘にも用いられます。

根を軽くロースト（焙煎）して入れたハーブティーは、ノンカフェインのヘルシーコーヒーとして、「タンポポコーヒー」の名で親しまれ、自然志向の人々に愛飲されています。コーヒーによく似た香りと風味があります。

ダンディライオンの葉はカリウムを豊富に含むため（ドライハーブ全体の約 4 ％）、利尿効果を期待して使用します。漢方では古くから「蒲公英」の名前で全草が生薬として健胃薬や解熱を目的としても活用されています。また、このハーブの使用によって、胃酸過多が起きることがあるとの報告があります。これは苦味質によるものと考えられています。

キク科アレルギーの人は注意が必要です。

Check Test（**8. ダンディライオン**）

ダンディライオンについて、下記の質問に○か×で答えなさい。

1．和名はセイヨウタンポポである。（　　　）

2．主要成分にクロロフィルを含む。（　　　）

3．漢方薬の材料として幅広く活用されている。（　　　）

4．催乳作用がある。（　　　）

5．伝統医療でナチュラルメディスンとして用いられてきた。（　　　）

6．インフルエンザの特効薬と呼ばれている。（　　　）

7．牛乳と相性がよく、ピーターラビットの童話にも登場する。（　　　）

8．使用部位は花部である。（　　　）

9．飲むサラダと呼ばれている。（　　　）

10．北米の先住民が最も大切にしたキク科のハーブである。（　　　）

11．液性が酸性に変化するとピンクに変化する。（　　　）

12．薬物代謝酵素を誘導するため、医薬品との併用に特に注意が必要。（　　　）

13．便秘に効果が期待できる。（　　　）

14．主要成分にミネラルの亜鉛を含む。（　　　）

15．主要成分にアラビノガラクタンを含む。（　　　）

解答・解説

1. ○

2. ×　主要成分にクロロフィルを含むのは、ネトルとマルベリー。

3. ○

4. ○

5. ○

6. ×　「インフルエンザの特効薬」と呼ばれているのは、エルダーフラワー。

7. ×　設問はジャーマンカモミール。

8. ×　ダンディライオンの使用部位は根部。

9. ×　飲むサラダと呼ばれているのはマテ。

10. ×　北米の先住民が最も大切にしたキク科のハーブは、エキナセア。

11. ×　液性が酸性に変化するとピンク色に変化するのは、ウスベニアオイ。

12. ×　医薬品との併用に注意が必要なのは、セントジョンズワート。

13. ○

14. ×　主要成分に亜鉛を含むのはマルベリー。

15. ×　アラビノガラクタンを含んでいるのはリンデン。

9 MULBERRY
クワ科 マルベリー

学名	*Morus alba* (モルス アルバ)
和名	クワ
科名	クワ科
使用部位	葉部
花の色	白色
主要成分	デオキシノジリマイシン（DNJ）
	γ-アミノ酪酸、クロロフィル
	フィトステロール（シトステロール）
	ミネラル（鉄、カルシウム、亜鉛）
作用	α-グルコシダーゼ阻害による血糖調整
適応	高血圧や肥満などの生活習慣病予防

＜学名の由来＆語源＞
　属名　　ラテン語で、果実の色から派生したケルト語の「黒」に由来。
　種小名　ラテン語で *albus*（アルブス）（白色の）が語源。

不老長寿の妙薬

　マルベリーは年に3〜4回、多い時には6回も果実の収穫が可能で、生命力に富んでいます。完熟した黒紫色の実は、古くから世界各国で生食され、果実酒やジャムなどに利用されています。

　マルベリーの葉に含まれているデオキシノジリマイシン（DNJ）は二糖類の分解酵素であるα-グルコシダーゼの働きを阻害し、食後の血糖値の上昇を抑制します。そのため、高血圧や肥満などの生活習慣病の予防に役立ちます。また、腸内環境を正常化して便秘を改善する働きもあり、食前に飲むとダイエットにも効果的です。

　中国の『本草書』では「不老長寿の妙薬」とされ、5千年以上も昔から栽培されています。クロロフィルや、鉄分、カルシウム、亜鉛などのミネラルを豊富に含みます。また美白効果があることから、化粧水やパックに利用することもできます。

　わが国でもマルベリーは、桑茶として昔から親しまれています。わずかに干し草の香りがあり、あっさりした、緑茶や抹茶のような飲みやすい風味です。後漢時代に書かれた『神農本草経』に桑の葉の薬効についての記述があります。

　日本では鎌倉時代に、栄西禅師が『喫茶養生記』という書物の中で桑の葉を取り上げています。日本薬局方には、「桑白皮」として収載されています。

　桑は、蚕の唯一の食べ物で、葉に含まれるゴム質の乳白色の汁は、絹糸の強さを増すために欠かせません。日本には朝鮮を経由して5世紀頃に蚕とともに伝えられ、絹の生産を支えてきました。本格的に栽培されるようになったのは、江戸末期とされています。

　安全性については、『メディカルハーブ安全性ハンドブック』ではクラス1に分類され、適切な使用において安全に摂取することができるハーブです。

Check Test （**9. マルベリー**）

マルベリーについて、下記の質問に○か×で答えなさい。

1．主成分にγ‐アミノ酪酸が含まれている。（　　）

2．科名はモチノキ科である。（　　）

3．使用部位は花部と葉部である。（　　）

4．淡黄色のフラボノイド色素を豊富に含んでいる。（　　）

5．二糖類の分解酵素を阻害する成分はγ‐アミノ酪酸である。（　　）

6．カリウムなどのミネラルを豊富に含んでいる。（　　）

7．生活習慣病の予防に役立つ。（　　）

8．免疫力を高めるハーブとして有名である。（　　）

9．食後の血糖値の上昇を抑制する働きがある。（　　）

10．マルベリーの和名はセイヨウニワトコである。（　　）

11．目の疲れには、クロロフィルを含有するマルベリーが効果的。（　　）

12．飲むサラダといわれている。（　　）

13．成分にフィトステロールを含んでいる。（　　）

14．集中力が不足した時に用いたいハーブである。（　　）

15．成分にα‐ビサボロールを含んでいる。（　　）

解答・解説

1. ○

2. ×　マルベリーはクワ科。モチノキ科はマテ。

3. ×　マルベリーは葉部のみを使用する。

4. ×　マルベリーは、緑色のクロロフィル色素を豊富に含む。

5. ×　二糖類の分解酵素を阻害する成分はデオキシノジリマイシン（DNJ）。

6. ×　マルベリーは、鉄やカルシウム、亜鉛などのミネラルを含む。

7. ○

8. ×　免疫力を高めるのはエキナセア。

9. ○

10. ×　セイヨウニワトコはエルダーフラワーの和名。マルベリーはクワ。

11. ×　目にはアントシアニン色素を含むハイビスカス、ウスベニアオイがよい。

12. ×　飲むサラダといわれているのはマテ。

13. ○

14. ×　集中力の欠如にはペパーミントが役立つ。

15. ×　α-ビサボロールを含むのは、ジャーマンカモミール。

10 PEPPERMINT
シソ科 ペパーミント

学名	*Mentha piperita*（メンタ　ピペリタ）
和名	セイヨウハッカ
科名	シソ科
使用部位	葉部
花の色	薄紫色
主要成分	精油（ℓ-メントール、メントン、メントフラン）
	フラボノイド（アピゲニン、ルテオリン）
	タンニン（ロスマリン酸）
	カフェ酸、クロロゲン酸
作用	賦活のち鎮静、鎮痙
適応	集中力欠如、食欲不振、過敏性腸症候群

＜学名の由来＆語源＞
　属名　　ギリシャ神話の女神の名前 Mehthe に由来。
　種小名　ギリシャ語の *peperi*（ペペリ）（コショウ）が語源。

リフレッシュハーブの代表格

ペパーミントは、ウォーターミント（*Mentha aquatic*）とスペアミント（*Mentha spicata*）の交配種です。ギリシャ神話にも登場するほど歴史のあるハーブで、 学名の由来となった美しい女神ミントスは、地獄の神ハーデスに愛されましたが、彼の妻ペルセフォネが嫉妬に狂い、ミントスを草に変えてしまいました。それ以来ミントスは、香りで人々を魅了したとされています。

清涼感のあるメントールの香りは、中枢神経を刺激して眠気を吹き飛ばし、脳の働きを活性化し、集中力の欠如を改善します。ペパーミントには、体を温める温熱作用と、体を冷やす冷却作用の両方があります。鎮静作用があることから、気分が苛立った時のクールダウンに役立ちます。また、ストレスが原因の下痢や便秘、腹痛を繰り返す過敏性腸症候群などの心身症にも用いられることがあります。

ミントは消化器の機能を調整することから、食べ過ぎや飲み過ぎ、食欲不振や消化不良、吐き気などの不快な症状を鎮めるのに用いられます。古代エジプトではピラミッド建設の際に労働者の食事にミントが用いられたり、古代ローマでは、客人をもてなすためにミントの葉を揉みほぐし、よい香りを部屋に充満させたりしたといわれます。

わが国には江戸時代にオランダから伝来し、明治時代から北海道の北見で生産されてきました。ちなみにスペアミントの和名はオランダハッカ、ペパーミントの和名はセイヨウハッカ、あるいはコショウハッカといいます。

安全性については、『メディカルハーブ安全性ハンドブック』ではクラス1に分類され、適切に使用する場合は、安全に摂取することができるハーブです。

Check Test（**10. ペパーミント**）

ペパーミントについて、下記の質問に○か×で答えなさい。

1．和名はオランダハッカである。（　　　）

2．科名はイラクサ科である。（　　　）

3．過敏性腸症候群などの心身症にも用いられる。（　　　）

4．成分にアピゲニンが含まれている。（　　　）

5．使用部位は花部である。（　　　）

6．消化器系の不快な症状を鎮める作用にすぐれている。（　　　）

7．いったん鎮静させた後に、賦活する作用がある。（　　　）

8．成分にシトステロールを含んでいる。（　　　）

9．精油成分のファルネソールの甘い香りが心身の緊張を和らげる。（　　　）

10．学名は *Mentha spicata* である。（　　　）

11．クロロフィルの成分を持つことが特徴的である。（　　　）

12．北米先住民が最も大切にしたハーブである。（　　　）

13．春季療法に用いられるハーブである。（　　　）

14．メントールの爽やかな香りが気分をリフレッシュさせてくれる。（　　　）

15．成分にタンニン（ロスマリン酸）が含まれている。（　　　）

解答・解説

1. × 設問はスペアミントの和名。ペパーミントはセイヨウハッカ。

2. × イラクサ科はネトル。ペパーミントはシソ科。

3. ○

4. ○

5. × ペパーミントの使用部位は葉部。

6. ○

7. × ペパーミントには、賦活後に鎮静させる作用がある（二重効果）。

8. × シトステロールを含むのはマルベリー。

9. × ファルネソールが含まれているのは、リンデン。

10. × 設問はスペアミントの学名。ペパーミントの学名は*Mentha piperita*。

11. × クロロフィルはネトルに含まれる成分。

12. × 北米先住民が最も大切にしたハーブは、エキナセア。

13. × 春季療法に使われるのはネトルなど。

14. ○

15. ○

11 PASSIONFLOWER

トケイソウ科 パッションフラワー

学名	*Passiflora incarnata* (パッシフロラ インカルナタ)
和名	チャボトケイソウ
科名	トケイソウ科
使用部位	地上部の全草
花の色	青紫色
主要成分	フラボノイド（アピゲニン）
	フラボノイド配糖体（ビテキシン）
	アルカロイド（ハルマン、ハルモール）
作用	中枢性の鎮静、鎮痙
適応	精神不安、神経症、不眠、高血圧

<学名の由来＆語源>

属名	ラテン語の *patior*（パティオル）（忍ぶ）と *florus*（フロールス）（花の）の合成語。
種小名	ラテン語の *incarno*（インカルノー）（肉にする、肉体化する）に由来。

植物性の精神安定剤（トランキライザー）

　パッションフラワーの"パッション"は「情熱」ではなく「受難」を意味し、とりわけキリストの受難のことを表しています。直訳すると「受難の花」で、欧米では、雌しべがキリストの十字架、5つある雄しべはキリストの5つの傷を連想させることによります。

　作用が穏やかなので、子どもや高齢者、更年期の女性などでも安心して飲用できます。「植物性の精神安定剤（トランキライザー）」として有名で向精神性ハーブに分類されます。なお、果実として利用されるパッションフルーツは違う品種です。

　パッションフラワーは、1569年にスペイン人医師によってペルーで発見され、ヨーロッパにもたらされました。1880年代中頃になると、南米の先住民や奴隷などの間で鎮痛剤として利用されていた方法が北米にもたらされました。メディカルハーブとしての歴史は長く、不眠、発疹、神経痛、ノイローゼ、眼病などの研究がなされています。

　パッションフラワーの鎮痛作用については、1897年に初めて臨床的に記録され、1980年代初期には、鎮痙作用、不安緩和、高血圧における有効性が臨床的に確認されています。化学的研究によれば、精神的な緊張やそれに伴う不眠を改善し、落ち着きを取り戻します。また、頭痛や歯痛、生理痛などの激しい痛みにも利用されます。

　パッションフラワーの効果のメカニズムは完全には解明されていませんが、ハルマンなどのアルカロイドや、ビテキシンやアピゲニンなどのフラボノイド類の複合効果と考えられています。鎮静系のハーブ（ジャーマンカモミールなど）とのブレンドが効果的です。

　安全性については、『メディカルハーブ安全性ハンドブック』ではクラス1に分類され、適切な使用において安全に摂取することができるハーブです。乾草の香りがしますが、さっぱりした飲みやすい風味です。

Check Test （11. パッションフラワー）

パッションフラワーについて、下記の質問に○か×で答えなさい。

1. *Hypericum perforatum* はパッションフラワーの学名である。（　　）

2. 夏至の日に収穫すると最も治癒力が強いといわれている。（　　）

3. 植物性のトランキライザーと呼ばれている。（　　）

4. パッションフラワーの使用部位は花部である。（　　）

5. 単独より鎮静系のハーブとのブレンドが効果的だ。（　　）

6. テオフィリンなどのアルカロイドが成分に含まれている。（　　）

7. 免疫力を高めるハーブとして広く知られている。（　　）

8. パッションフラワーは向精神性のハーブに分類される。（　　）

9. ハイパーフォリンを主成分に持っている。（　　）

10. 主成分に γ - アミノ酪酸が含まれている。（　　）

11. 和名はセイヨウボダイジュである。（　　）

12. サンシャインサプリメントと呼ばれている。（　　）

13. ジャーマンカモミールとのブレンドが効果的だ。（　　）

14. 成分に α - ビサボロールを含んでいる。（　　）

15. カリウムなどのミネラル分を豊富に含んでいる。（　　）

解答・解説

1. × パッションフラワーの学名は *Passiflora incarnata*（パッシフロラ インカルナタ）。

2. × 設問はセントジョンズワート。

3. ○

4. × パッションフラワーの使用部位は、地上部の全草。

5. ○

6. × テオフィリンなどのアルカロイドが含まれているのは、マテ。

7. × 免疫力を高めるハーブはエキナセア。

8. ○

9. × ハイパーフォリンを主成分に持つのはセントジョンズワート。

10. × 主成分にγ-アミノ酪酸を含むのはマルベリー。

11. × 設問はリンデン。パッションフラワーの和名はチャボトケイソウ。

12. × サンシャインサプリメントはセントジョンズワート。

13. ○

14. × 成分にα-ビサボロールを含むのはジャーマンカモミール。

15. × パッションフラワーの主要成分はフラボノイドなど。

12 RASBERRY LEAF

バラ科 ラズベリーリーフ

学名	*Rubus idaeus*（ルブス　イダエウス）
和名	ヨーロッパキイチゴ
科名	バラ科
使用部位	葉部
花の色	白色
主要成分	フラボノイド配糖体（フラガリン）
	タンニン（没食子酸、エラグ酸）
	ビタミンC
作用	鎮静、鎮痙、収れん
適応	月経痛、月経前症候群（PMS）、出産準備、下痢

＜学名の由来＆語源＞
　属名　　ラテン語の *ruber*（ルベル）（赤い）が 語源。
　種小名　地中海クレタ島 Ida（イダ）山の赤い果実に由来。

安産のためのお茶

古代ギリシャ神話によれば、ラズベリーは地中海に浮かぶクレタ島で生まれ、「神様の白いフルーツ」と呼ばれていました。神々の子どもたちの世話をまかされていたクレタ王の娘が、泣き止まない子どもをなだめようと、白いラズベリーの実を摘みに出かけたところ、娘は胸にひっかき傷を負ってしまいます。その血が飛び散って白かった果実を赤色に染めたことから、以来、ラズベリーは実の色が赤色になったということです。

ユーラシア大陸から北米にかけて生育するラズベリーは、古くからメディカルハーブや食用として利用され、多くの人々に役立てられてきました。子宮や骨盤の周囲の筋肉を調整する働きを持つことから、月経痛や月経前症候群（PMS）の緩和や予防に用いられています。

ヨーロッパでは昔から、「安産のためのお茶」として知られ、ハーバリストや助産師によって出産準備に使われています。ラズベリーリーフの成分フラガリンが、子宮筋の収縮を調整するといわれています。安産への出産準備としては、妊娠7カ月目以降から飲みましょう。ペパーミントやジンジャーとのブレンドで、妊娠後期のつわりを抑えるためにも用いられます。

また、収れん作用があるため、下痢や風邪、扁桃腺やインフルエンザなどにも内服されています。赤い果実のラズベリーはフランボワーズという名で広く知られ、様々な調理法で食されています。

わが国には1873年にアメリカから渡来し、その頃は普及しなかったのですが、現在では「女性のためのハーブ」や「妊婦さんのハーブ」として用いられています。

安全性については、『メディカルハーブ安全性ハンドブック』ではクラス1で、適切に使用する場合は、安全に摂取することができるハーブとなっています。

Check Test (12. ラズベリーリーフ)

ラズベリーリーフについて、下記の質問に○か×で答えなさい。

1. 強肝、利胆などの作用がある。（　　）

2. 使用部位は花部と葉部である。（　　）

3. 月経痛、月経前症候群（PMS）、出産準備などに用いられる。（　　）

4. ラズベリーリーフには興奮や利尿作用がある。（　　）

5. 成分にエラグ酸が含まれている。（　　）

6. ラズベリーリーフはバラ科の植物である。（　　）

7. 主成分にアラビノガラクタンを含んでいる。（　　）

8. 植物酸やペクチンが含まれている。（　　）

9. 科名はモチノキ科である。（　　）

10. 子宮や骨盤周囲の筋肉を調整する働きを持つ。（　　）

11. 飲むサラダといわれている。（　　）

12. コーディアルという伝統的な自然飲料として楽しまれている。（　　）

13. 心身の緊張を和らげ、就寝前の飲用で質の高い睡眠をもたらす。（　　）

14. サンシャインサプリメントと呼ばれている。（　　）

15. 助産師やハーバリストの間で安産のお茶として知られている。（　　）

解答・解説

1. × 強肝や利胆などの作用があるのは、ダンディライオン。

2. × ラズベリーリーフの使用部位は葉部のみ。

3. ○

4. × 興奮や利尿作用があるのはマテ。

5. ○

6. ○

7. × アラビノガラクタンを含むのはリンデン。

8. × 植物酸やペクチンを含むのは、ハイビスカスとローズヒップ。

9. × ラズベリーリーフはバラ科。

10. ○

11. × 飲むサラダといわれているのはマテ。

12. × コーディアルとして楽しまれているのはエルダーフラワー。

13. × 就寝前の飲用が質の高い睡眠をもたらすのは、リンデンなど。

14. × サンシャインサプリメントはセントジョンズワート。

15. ○

13 ROSE HIP

バラ科 ローズヒップ

学名	*Rosa canina*（ロサ カニナ）
科名	バラ科
使用部位	偽果
花の色	薄ピンク色
主要成分	ビタミンC、
	ペクチン、
	植物酸、
	カロテノイド（リコペン、β-カロテン）、
	フラボノイド
作用	ビタミンC補給、緩下
適応	ビタミンC消耗時の補給、インフルエンザなどの予防、便秘

＜学名の由来＆語源＞
　属名　　ラテン語で *rosa*（ロサ）（バラ）が語源。
　種小名　ラテン語で *canis*（カニス）（犬）の意味が語源。

ビタミンCの爆弾

　ローズヒップはフラボノイド、ペクチンや植物酸、ビタミンA、B、Eなどを豊富に含みます。偽果の赤色はリコペンやβ-カロテンなどのカロテノイド色素です。ペクチンや植物酸による緩下作用などがありますが、最大の特徴は、レモンの20〜40倍ものビタミンCを含んでいることです。形状が、手榴弾あるいはラグビーボールに似ていることから、「ビタミンCの爆弾」と呼ばれています。さらに、フラボノイドがビタミンCの働きを増強します。

　ビタミンCはコラーゲンの生成に関与するので、シワやシミの予防に、ハイビスカスとブレンドして利用されます。ハーブティー以外にも、ジャムやハーブビネガーなどにも利用されています。夏バテや妊娠中の栄養補給に、また生理痛や目の疲れにも利用されます。甘い香りとほどよい酸味のあるお茶です。

　使用部位は偽果で、一般に種子といわれる果実（小堅果）や白毛を取り除き、乾燥したものです。この白毛が皮膚に付着すると、まれに痒みを生じます。

　ローズヒップの薬効は幅広く、ストレスの緩和や肺の病気に、またチリでは皮膚病や火傷などの治療薬に用いられています。特にビタミンCが豊富であることから、風邪をひいて発熱した時などに治りを早めることも期待できます。薬効や美容効果については、古代ローマの書物にもその名が見られます。

　現在、ローズヒップとそのオイルの産地としてはチリが有名ですが、もともとはヨーロッパに自生する野バラでした。大航海時代にスペイン人たちによって新大陸にもたらされ、アンデス地方に定着したのです。

　安全性については、『メディカルハーブ安全性ハンドブック』ではクラス1で、適切に使用する場合は、安全に摂取することができるハーブです。

Check Test（13. ローズヒップ）

ローズヒップについて、下記の質問に○か×で答えなさい。

1．子宮や骨盤周りの筋肉を調整するといわれている。（　　）

2．使用部位は花部と葉部である。（　　）

3．ハイパーフォリンを主要成分に持っている。（　　）

4．科名はアオイ科である。（　　）

5．ビタミンを豊富に含むので、春季療法に使われている。（　　）

6．緩下作用があるので便秘に効果的である。（　　）

7．成分にカロテノイドを豊富に含んでいる。（　　）

8．成分には苦味質が含まれる。（　　）

9．ビタミンCや植物酸を豊富に含む。（　　）

10．使用部位は萼部である（　　）

11．ビタミンが豊富にあるので、安産のお茶として知られている。（　　）

12．感染症や炎症など、ビタミンCの消耗時に用いられる。（　　）

13．成分にハルマンを含む。（　　）

14．成分にタラキサステロールを含む。（　　）

15．成分にマトリシンを含む。（　　）

解答・解説

1．×　子宮や骨盤周りの筋肉を調整するのはラズベリーリーフ。

2．×　使用部位は偽果。

3．×　ハイパーフォリンを主要成分に持つのはセントジョンズワート。

4．×　ローズヒップはバラ科。

5．×　春季療法に使われるのはネトルなど。

6．○

7．○

8．×　苦味質を含むのはダンディライオン。

9．○

10．×　萼部はハイビスカスの使用部位で、ローズヒップは偽果。

11．×　安産のお茶として知られているのはラズベリーリーフ。

12．○

13．×　ハルマンを含むのはパッションフラワー。

14．×　タラキサステロールを含むのはダンディライオン。

15．×　成分にマトリシンを含むのはジャーマンカモミール。

14 MATÉ

(モチノキ科) マテ

学名	*Ilex paraguayensis* (イレクス パラグアエンシス)
科名	モチノキ科
使用部位	葉部
花の色	白色
主要成分	アルカロイド（カフェイン、テオブロミン、テオフィリン）
	カフェ酸、クロロゲン酸
	フラボノイド
	ビタミン（B_2、B_6、C）
	ミネラル（鉄、カルシウム、カリウムなど）
作用	興奮、利尿
適応	精神疲労、肉体疲労

＜学名の由来＆語源＞
- 属名　　ラテン語の *Ilex*（イレクス）（セイヨウヒイラギ）に由来。
- 種小名　「パラグアイ産の」の意味。

南米の飲むサラダ

　マテは、南米ペルーの先史時代の遺跡からも出土している古くからのハーブです。パラグアイの先住民族グアラニー族が、長寿をもたらす不思議な木として崇拝していました。

　16世紀、キリスト教伝道のために南米に渡った宣教師たちによってマテの人工栽培が始められ、それはインディオの生活にも普及していきました。採取して乾燥させたグリーンマテは、こくのある味がし、それを焙煎したブラックマテは香ばしい味がします。

　カフェインを含むハーブで、パラグアイ、ブラジル、アルゼンチンの南米3か国に生育するマテは、東洋の茶や西洋のコーヒーと並んで世界3大ティーに数えられます。1〜2%のカフェインを含むため、脳の働きを活性化し、活力を高めてくれます。カフェインのほかカリウムも含むため利尿作用が高く、パラグアイの民族医学では神経の刺激や消化促進、利尿に用いられます。北米からヨーロッパを経てインドに伝えられたマテは、アーユルヴェーダ医学において、抑うつやリウマチの痛み、心因性の疲労や頭痛などに利用されています。

　脂肪燃焼作用や利尿作用を持つことから、フランスでは減量プログラムに利用されています。また、鉄分やカルシウムなどのミネラル類や、ビタミンB群やCなどのビタミン類を豊富に含むことから、「飲むサラダ」と呼ばれます。ドイツのコミッションEモノグラフでは、精神的・肉体的疲労への適用が認められています。

　南米の昔ながらの飲み方では、マテをひょうたんに入れて熱湯を注ぎ、茶こしの付いたストローのような管で吸飲します。テレレといわれる水出しや、コシードと呼ばれるミルクティーでも飲まれます。

　薬との相互作用ではクラスCで、気管支拡張薬またはアドレナリン薬を含むほかのCNS刺激薬とカフェインとの併用には、十分な注意が必要です。

Check Test（**14. マテ**）

マテについて、下記の質問に○か×で答えなさい。

1．主要成分にカフェインを含む。（　　　）

2．主要成分にタンニンを含む。（　　　）

3．ブラジル、エクアドル、アルゼンチンの南米３カ国に生育する。（　　　）

4．催乳作用がある。（　　　）

5．伝統医療でナチュラルメディスンとして用いられてきた。（　　　）

6．牛乳と相性がよく、ピーターラビットの童話にも登場する。（　　　）

7．成分に葉酸が含まれている。（　　　）

8．使用部位は葉部である。（　　　）

9．成分にテオフィリンが含まれている。（　　　）

10．飲むサラダと呼ばれている。（　　　）

11．北米の先住民が最も大切にしたキク科のハーブである。（　　　）

12．液性が酸性に変化するとピンク色に変化する。（　　　）

13．薬物代謝酵素を誘導するため、医薬品との併用に注意が必要。（　　　）

14．主要成分にミネラルの亜鉛を含んでいる。（　　　）

15．主要成分にアラビノガラクタンを含んでいる。（　　　）

解答・解説

1. ○

2. ×　マテの主要成分にタンニンは含まれない。

3. ×　エクアドルではなくパラグアイを含む南米3カ国に生育する。

4. ×　催乳作用があるのはダンディライオンなど。

5. ×　ナチュラルメディスンとして用いられてきたのはダンディライオン。

6. ×　設問はジャーマンカモミール。マテのミルクティーは、コシード。

7. ×　葉酸が含まれているのはネトル。

8. ○

9. ○

10. ○

11. ×　北米の先住民が最も大切にしたキク科のハーブは、エキナセア。

12. ×　液性が酸性になるとピンク色に変化するのは、ウスベニアオイ。

13. ×　医薬品との併用に注意が必要なのは、セントジョンズワート。

14. ×　亜鉛を含むのはマルベリー。

15. ×　アラビノガラクタンを含むのはリンデン。

15 ELDER

レンプクソウ科 エルダーフラワー

学名	*Sambucus nigra*(サンブクス ニグラ)
和名	セイヨウニワトコ
科名	レンプクソウ科(スイカズラ科)
	※レンプクソウ科は新しい科名、スイカズラ科はこれまで使われてきた科名
使用部位	花部
花の色	クリーム色
主要成分	フラボノイド配糖体(ルチン、クエルシトリン)
	クロロゲン酸、粘液質(多糖類)
	ミネラル(特にカリウム)、精油
作用	発汗、利尿、抗アレルギー
適応	風邪、インフルエンザ、花粉症

＜学名の由来&語源＞
属名	ギリシャの古代楽器 sambykē(サンビュケー) に由来。
種小名	ラテン語で「黒い」を意味する *nigerus*(ニグルス) に由来。

厄よけのハーブ

エルダーフラワーは、淡黄色の色素成分であるフラボノイドを豊富に含むハーブの代表で、発汗や利尿作用に優れています。これらのメカニズムは完全には解明されていませんが、発汗にはフラボノイドとクロロゲン酸などのフェノール酸が、利尿にはフラボノイドとミネラル分のカリウムが関与しているものと考えられています。

ヨーロッパ温帯地域に自生し、開花後の花頭を採取して乾燥します。ほんのりと甘い花の香りのする、マスカットに似た風味のハーブで、少し舌に刺激を感じる風味があります。

抗アレルギー作用を持ち、カタル症状を鎮めるため、欧米では「インフルエンザの特効薬」と呼ばれています。ペパーミントやリンデンとブレンドして用いられ、くしゃみ、鼻水、鼻づまりといった、風邪やインフルエンザ、花粉症の症状にも用いられます。イギリスでは、糖分と一緒に漬け込んだコーディアルという伝統的な飲み物によく使われ、ノンアルコールの自然飲料として親しまれています。

この植物は、古代のエジプト文明の時代から薬用として利用されてきました。ヨーロッパでは石器時代から食料として利用され、ギリシャ・ローマ時代にはすでに薬用として利用されていました。

ヨーロッパでは一般に、魔除けとして庭に植えられています。全草が薬効に富み、あらゆる治療に利用されました。ヨーロッパ各地で「庶民の薬箱」「万能の薬箱」などと呼ばれていました。アメリカの先住民とヨーロッパ各地で伝統医療に使われてきた歴史あるハーブで、数多くの神話や伝説にも登場します。この木の幹は堅く、キリストの十字架をこれで作ったという言い伝えもあります。

安全性について、『メディカルハーブ安全性ハンドブック』ではクラス1に分類され、適切な使用において安全といわれています。禁忌や副作用、相互作用などについては知られていません。

Check Test（15. エルダーフラワー）

エルダーフラワーについて、下記の質問に○か×で答えなさい。

1．成分にクロロフィルを豊富に含む。（　　　）

2．抗アレルギー作用がある。（　　　）

3．使用部位は花部と葉部である。（　　　）

4．発汗や利尿作用がある。（　　　）

5．風邪やインフルエンザだけでなく花粉症対策にもよい。（　　　）

6．アオイ科の植物である。（　　　）

7．主成分にタラキサステロールを含んでいる。（　　　）

8．粘液質を含むハーブである。（　　　）

9．エルダーフラワーはフラボノイドの代表ハーブである。（　　　）

10．和名はセイヨウイラクサという。（　　　）

11．ミネラル分のカリウムを豊富に含むが、精油は含まない。（　　　）

12．ミルクとブレンドすると風味が増す。（　　　）

13．コーディアルという伝統的な自然飲料として楽しまれている。（　　　）

14．植物性のトランキライザーといわれている。（　　　）

15．助産師やハーバリストの間で、安産のお茶として知られている。（　　　）

解答・解説

1. ×　エルダーフラワーはフラボノイドを豊富に含む。

2. ○

3. ×　エルダーフラワーの使用部位は花部だけで、葉部は使用しない。

4. ○

5. ○

6. ×　エルダーフラワーはレンプクソウ（スイカズラ）科に分類される。

7. ×　タラキサステロールを主成分に含有するのはダンディライオン。

8. ○

9. ○

10. ×　設問はネトルの和名。エルダーフラワーの和名はセイヨウニワトコ。

11. ×　エルダーフラワーは、精油を含むハーブである。

12. ×　牛乳と相性がよいのはジャーマンカモミールやマテなど。

13. ○

14. ×　植物性のトランキライザーといわれるのはパッションフラワー。

15. ×　安産のお茶として知られているのはラズベリーリーフ。

❦ハーブ15種類プロフィールまとめ

科　名	ハーブ名	学　名	使用部位	作　用	適　応
アオイ科	ウスベニアオイ	*Malva sylvestris*	花部	皮膚・粘膜の保護、刺激緩和	口腔・咽喉・胃腸・泌尿器の炎症
	ハイビスカス	*Hibiscus sabdariffa*	萼部	代謝促進、消化機能促進、緩下、利尿	肉体疲労、眼精疲労、便秘、循環不良
（シナノキ科）	リンデン（和名）セイヨウボダイジュ	*Tilia europaea*	花（苞）、葉部	発汗、利尿、鎮静	風邪、上気道カタル、高血圧、不眠
イラクサ科	ネトル（和名）セイヨウイラクサ	*Urtica dioica*	葉部	利尿、浄血	花粉症やアトピー等のアレルギー疾患、痛風
オトギリソウ科	セントジョンズワート（和名）セイヨウオトギリソウ	*Hypericum perforatum*	開花時の地上部	抗うつ、消炎、鎮痛	軽度〜中等度のうつ、月経前症候群（PMS）、創傷
キク科	エキナセア	*Echinacea angustifolia*、*Echinacea purpurea*、*Echinacea pallida*	地上部、根部	免疫賦活、創傷治癒	風邪、インフルエンザ、尿道炎、治りにくい傷
	ジャーマンカモミール（和名）カミツレ	*Matricaria chamomilla*、*Matricaria recutita*	花部	消炎、鎮静、鎮痙、駆風	胃炎、胃潰瘍、月経痛、皮膚炎
	ダンディライオン	*Taraxacum officinale*	根部	強肝、利胆、緩下、催乳	肝胆系の不調、便秘、消化不良、リウマチ

科 名	ハーブ名	学 名	使用部位	作 用	適 応
クワ科	マルベリー (和名)クワ	*Morus alba*	葉部	α-グルコシダーゼ阻害による血糖調整	高血糖や肥満などの生活習慣病予防
シソ科	ペパーミント (和名)セイヨウハッカ	*Mentha piperita*	葉部	賦活のち鎮静、鎮痙	集中力欠如、食欲不振、過敏性腸症候群
トケイソウ科	パッションフラワー (和名)チャボトケイソウ	*Passiflora incarnate*	地上部の全草	中枢性の鎮静、鎮痙	精神不安、神経症、不眠高血圧
バラ科	ラズベリーリーフ (和名)ヨーロッパキイチゴ	*Rubus idaeus*	葉部	鎮静、鎮痙、収れん	月経痛、月経前症候群(PMS)、出産準備、下痢
	ローズヒップ	*Rosa canina*	偽果	ビタミンC補給、緩下	ビタミンC消耗時の補給、インフルエンザ等の予防、便秘
モチノキ科	マテ	*Ilex paraguayensis*	葉部	興奮、利尿	精神疲労、肉体疲労
レンプクソウ科 (スイカズラ科)	エルダーフラワー (和名)セイヨウニワトコ	*Sambucus nigra*	花部	発汗、利尿、抗アレルギー	風邪、インフルエンザ、花粉症

実践！ハーバルケア：Ａさんのケース

効果的なケアで気持ちも楽に

　季節や体調の変化に合わせて、その時の自分に最適なハーブを選択できるようになり、毎日の体調管理に役立っています。特に春先の花粉症が辛かったのですが、ドイツの春季療法を知ってからは、ダンディライオン、エルダーフラワー、ネトルなどのハーブを花粉症予防のために意識して取り入れるようになりました。

　効果的なセルフケアができるようになったことで気持ちもラクになり、最近では周囲から肌つやがよくなったといわれます。お肌のコンディションも改善されてきたようです。

第2章

メディカルハーブの作用

フィトケミカルといわれる植物化学成分には、どのような種類があり、どのような働きをするのでしょうか。厳しい自然環境の中で、植物が自らを守るために作り出す、多種多様な化学成分について学びましょう。

心身を健やかにするメディカルハーブ

学習のポイント ●メディカルハーブの働きを知る
●有効成分の種類や相乗効果などについて学ぶ

1. メディカルハーブを摂取するメリット

①メディカルハーブの5つの代表的な働き

🌿 栄養素の補給：

体内で作ることができないビタミン、ミネラル、食物繊維、必須脂肪酸などの栄養素を補給することができる。

🌿 薬理作用：

消炎作用、鎮痛作用、鎮痙作用などの薬理作用があり、穏やかではあるが薬のような作用が期待できる。

🌿 生体防御機能調整作用：

自律神経系、内分泌系、免疫系に働きかけ、心身の状態をバランスよく保つのを助ける。神経を鎮静させる作用、内分泌系に働きかけるホルモン分泌調節作用、免疫系に働く免疫賦活作用などがあり、これらを総称して生体防御機能調整作用と呼ばれる。

🌿 抗酸化作用：

細胞の老化を抑える抗酸化作用がある。

🌿 抗菌・抗ウイルス作用：

細菌やウイルスの繁殖を抑える抗菌・抗ウイルス作用がある。

2. メディカルハーブの主な作用

①器官系への作用

🌿 消化機能促進作用：

胃腸の働きを高める作用(ex. ジャーマンカモミール、ハイビスカス、ペパーミント)

🌿 健胃作用：

胃の働きを高める作用（ex. ペパーミント）

🌿 緩下作用：

便通を促進する作用（ex. ダンディライオン、ハイビスカス、ローズヒップ）

🌿 駆風作用：

腸内に溜まったガスを排出する作用（ex. ジャーマンカモミール、ペパーミント）

🌿 強肝作用：

肝臓の働きを高める作用（ex. ダンディライオン）

🌿 利胆作用：

胆のうの働きを高める作用（ex. ダンディライオン）

②修復・保護作用

🌿 消炎作用：

炎症を抑える作用（ex. ジャーマンカモミール、セントジョンズワート）

🌿 創傷治癒作用：

傷の治りを早くする作用（ex. エキナセア）

🌿 粘膜保護作用：

粘膜を保護する作用（ex. ウスベニアオイ）

③**精神・神経系への作用**

🌿 抗うつ作用：

気分を明るくし、抑うつ症状を軽くする作用（ex. セントジョンズワート）

🌿 興奮作用：

精神を高揚させる作用（ex. マテ）

🌿 緩和作用：

緊張を和らげる作用（ex. ジャーマンカモミール、パッションフラワー、リンデン）

🌿 鎮静作用：

神経系を鎮め、リラックスさせる作用（ex. ジャーマンカモミール、パッションフラワー、ラズベリーリーフ、リンデン）

④**デトックス・活性作用**

🌿 発汗作用：

汗を出す作用（ex. エルダーフラワー、リンデン）

🌿 利尿作用：

尿の出をよくする作用（ex. エルダーフラワー、ネトル、ハイビスカス、マテ、リンデン）

🌿 浄血作用：

血液をきれいにする作用（ex. ネトル）

🌿 代謝促進作用：

新陳代謝をよくする作用（ex. ハイビスカス）

🌿 強壮作用：

体を活性化させる作用（ex. マテ）

🌿 免疫賦活作用：

免疫機能を高める作用（ex. エキナセア）

⑤皮膚・筋肉への作用

🌿 収れん作用：

皮膚を引き締める作用（ex. ラズベリーリーフ）

🌿 鎮痙作用：

筋肉の緊張を和らげる作用（ex. ジャーマンカモミール、パッションフラワー、ラズベリーリーフ、ペパーミント）

🌿 鎮痛作用：

痛みを軽くする作用（ex. ジャーマンカモミール、セントジョンズワート）

⑥その他

🌿 抗酸化作用：

細胞の老化を抑える作用。酸化とは、対象物と酸素が結び付くことで、私たちの細胞が酸素と結び付いて酸化すると、老化が促進される（ex. エルダーフラワー）

🌿 ホルモン調節作用：

ホルモンの分泌を調節する作用（ex. ジャーマンカモミール）

🌿 催乳作用：

母乳の出をよくする作用（ex. ダンディライオン）

🌿 抗菌・抗ウイルス作用：

細菌やウイルスの繁殖を抑える作用。植物が病原菌などから身を守るために作り出した物質は人にも作用し、感染予防などに役立てられる（ex. エキナセア、ペパーミント）

3. メディカルハーブの有効成分

①植物化学成分（フィトケミカル）

一つのメディカルハーブには、数百というたくさんの有効成分が含ま

れている。この植物化学成分は、フィトケミカルとも呼ばれる。多種類のフィトケミカルは、分子の構造や化学的な性格などによってグループ分けすることができる。

植物は単一成分ではなく多くの物質を含むため、何種類もの作用を持ち合わせる。また主要な作用も一定ではない。

　　ex.）フラボノイドは植物に広く分布し、多くの作用（鎮静、鎮痙、発汗、利尿、緩下、血管保護、抗アレルギーなど）を持っているが、ハーブの種類によって作用の強弱があり、その現れ方は同じではない。

②植物化学成分の作用と性質

成分的には同じグループに分類されながらも、全く異なる作用を示すものがある。

　　ex.）アルカロイドは中枢性の神経作用を持っているが、アルカロイドのグループであるカフェインを含むマテは興奮作用を示し、同じアルカロイドのグループであるハルマンやハルモールを含むパッションフラワーは、全く正反対の鎮静作用（精神安定作用）を示す。

水に溶けやすい性質を持つ水溶性成分と、油に溶けやすい性質を持つ脂溶性成分があり、利用方法により、一方の成分だけが作用することもある。

　　ex.）水溶性のビタミンにはビタミンB群とビタミンC、脂溶性のビタミンにはビタミンA、D、E、Kがある。ハーブティーでは主に水溶性成分が溶出され、浸出油（インフューズドオイル）では脂溶性成分が抽出される。また、チンキでは水溶性、脂溶性の両方の成分を利用することができる。

主な有効成分のグループと作用

	特徴／作用	ハーブ例
アルカロイド	強い苦味／ 中枢系の鎮静・興奮作用	パッションフラワー、 マテ
フラボノイド	植物の色素（黄色）成分／ 鎮静・鎮痙・発汗・利尿・ 緩下作用、 血管保護、 抗アレルギー、 抗酸化作用、 抗腫瘍作用	エルダーフラワー、 ジャーマンカモミール、 セントジョンズワート、 ネトル、パッションフラワー、 ペパーミント、マテ、 ラズベリーリーフ、 リンデン、ローズヒップ
タンニン	たんぱく質を固める渋味成分／ 収れん作用、 抗酸化作用	ウスベニアオイ、 セントジョンズワート、 ペパーミント、 ラズベリーリーフ、リンデン
粘液質	多糖類から成る／ 粘膜保護作用	エルダーフラワー、 ウスベニアオイ、 ハイビスカス、リンデン
苦味質	苦味を感じさせる成分／ 健胃・消化促進・強肝作用	ダンディライオン
ビタミン	生命の維持に不可欠な栄養素／ 補酵素として働く	ネトル、マテ、 ラズベリーリーフ、 ローズヒップ
ミネラル	生命の維持に不可欠な栄養素／ 体の組織や器官を構成する	エルダーフラワー、 ダンディライオン、 ネトル、ハイビスカス、マテ、 マルベリー
精　油	脂溶性の芳香成分／ 様々な生理・心理作用、薬理作用、抗菌作用	エルダーフラワー、 ジャーマンカモミール、 セントジョンズワート、 ペパーミント、リンデン

第2章　メディカルハーブの作用

4. 植物化学成分の多様な作用

①相乗効果

2つ以上の成分が同時に働き、個々の成分がもたらす以上の働きをすることを相乗効果（Synergy effect）といい、シナジー効果ともいわれる。この効果を示すものとして、下記2つのケースがあげられる。

🌿 1種類のハーブに含まれる別々の成分が同じ作用を持ち、効果を増す場合

　ex.）エルダーフラワー：
　フラボノイドとカリウムの利尿作用が相乗効果を発揮。
　ex.）ジャーマンカモミール：
　精油とフラボノイドの鎮静・鎮痙作用が相乗効果を発揮。

🌿 1種類のハーブに含まれる1つの成分の作用を、別の成分が補助する場合

　ex.）ローズヒップ：
　ローズヒップに含まれる植物酸のクエン酸などがビタミンCの吸収力を高め、ビタミンCの錠剤のみをとるより効果が高くなる。
　ex.）ネトル：
　ビタミンCによって鉄分を吸収する力が高まる。

②心と体の両方への作用

1種類のハーブが、心と体の両方に同時に効果を示すことがある（医薬品の場合は1方向のみに作用することから、体と心の両方に効果を求める場合は少なくとも2種類以上の薬を必要とする）。

　ex.）ジャーマンカモミールで胃のケア：
　・体への作用：消炎作用のある成分が胃壁に直接働き、痛んだ胃を

修復する。

・心への作用：芳香成分が神経をリラックスさせて、ストレスの解消を促す。

③矛盾する作用

自然薬は、バランスを回復して調子を整えるという特徴があることから、同じハーブを正反対の症状に用いる場合もある。たとえば、肌の調子を整えるハーブは乾燥肌にも脂性肌にも効果を示し、腸の調子を整えるハーブは便秘にも下痢にも効果を示す。

ex.）ペパーミントやジャーマンカモミールで腸のケア：

どちらのハーブも消化機能の調整作用があるが、共に下痢と便秘の両方に用いられる（医薬品の場合は、表出している症状のみを治療の対象とする）。

5. 植物化学成分ができるまで

①光合成のしくみと植物化学成分

メディカルハーブの有効成分は、植物が光合成を行い、自らの体を守るために生命活動を営む過程で生み出される。

植物は、根から吸収した水と空気中の二酸化炭素、太陽光を利用して、葉緑体の中でブドウ糖（グルコース）を作る。この反応のことを光合成という。

植物は光合成の過程で、ブドウ糖からさらに炭水化物や脂質を生合成し、根から取り入れた窒素（N）を利用してアミノ酸やたんぱく質などを作る。

植物は光合成の過程で、様々な化学物質も作っている。これらは植物化学成分（フィトケミカル）と呼ばれ、メディカルハーブで利用される有効成分にあたるものである。

植物が光合成によって作り出す有効成分の1つに、紫外線による酸化を抑制する抗酸化物質がある。この物質は、老化防止や食物の防腐などのために広く使用されている。

光合成のしくみ

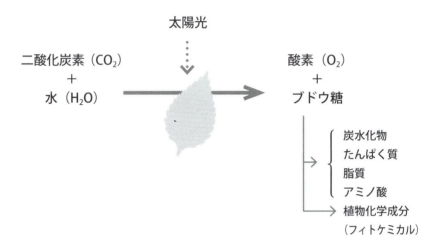

植物成分の作用と有効性

	人への利用	植物の存在意味
苦味質	健胃作用、強肝作用	害虫を遠ざける
アルカロイド	鎮静作用、興奮作用→医薬品として利用	防虫効果
色素成分	抗酸化作用、抗腫瘍作用	きれいな色の花で益虫を引き寄せ花粉を運んでもらう、紫外線から身を守る
タンニン	収れん作用、下痢を止める作用	樹皮などについた傷を修復

Column フィトケミカル豆知識①
フラボノイド

　植物の色素成分はおよそ6千種類以上もあるといわれ、これらは総称してポリフェノールと呼ばれます。そしてポリフェノールの大半はフラボノイドであり、フラボノイドとは、フラボンを基本構造に持つ色素や苦みの成分です。

　フラボノイドは、野菜や果物などから多く発見されており、ブルーベリーのアントシアニン、大豆のイソフラボン、緑茶のカテキンなどもフラボノイドの一種です。多くは黄色やクリーム色の色素ですが、アントシアニンの青色もあります。植物は、これらの色素を表皮に含むことで、紫外線から自身を守っているといわれています。

　フラボノイドは、ポリフェノールの中でも抗酸化作用が強く、特にアンチエイジングに効果的です。体をサビさせてしまう原因の「活性酸素」を退治してくれるのです。人の体内にはわずかしか消化・吸収されませんが、ごく少量でも強力な作用を発揮するといわれています。メディカルハーブの中では、エルダーフラワーがフラボノイドを含む代表ハーブです。

　体内の"サビ"は、紫外線やストレス、加齢などで蓄積されていきます。フラボノイドをはじめとする抗酸化作用成分を摂取することで、老化や病気を予防していきましょう。毎日のちょっとした積み重ねが、先々大きな差を生み出します。

✿ハーブ15種類の成分

	フラボノイド	フラボノイド配糖体	フェノール酸	タンニン	多糖類	植物酸	フィトステロール	
ウスベニアオイ					・粘液質			
ハイビスカス					・ペクチン ・その他粘液質	・クエン酸 ・リンゴ酸 ・ハイビスカス酸		
リンデン		・ルチン ・ヒペロシド ・ティリロシド	・カフェ酸 ・クロロゲン酸		・アラビノガラクタン(粘液質)			
ネトル	・クエルセチン	・ルチン					・β-シトステロール	
セントジョンズワート		・ヒペロシド ・ルチン						
エキナセア								
ジャーマンカモミール	・アピゲニン ・ルテオリン							
ダンディライオン			・カフェ酸		・イヌリン			
マルベリー							・シトステロール	
ペパーミント	・アピゲニン ・ルテオリン		・カフェ酸 ・クロロゲン酸	・ロスマリン酸				
パッションフラワー	・アピゲニン	・ビテキシン						
ラズベリーリーフ		・フラガリン		・没食子酸 ・エラグ酸				
ローズヒップ					・ペクチン			
マテ			・カフェ酸 ・クロロゲン酸					
エルダーフラワー		・ルチン ・クエルシトリン	・クロロゲン酸		・粘液質			

第2章 メディカルハーブの作用

	精油	アルカロイド	苦味質	色素成分	カロテノイド	ビタミン	ミネラル	その他主要成分
				・アントシアニン(注1)				
				・ヒビスシン(アントシアニン色素の1つ)			・カリウム(K)・鉄(Fe)	
	・ファルネソール							
				・クロロフィル	・β-カロテン	・ビタミンC・葉酸	・ケイ素(Si)・カルシウム(Ca)・カリウム(K)・鉄(Fe)	
				・ヒペリシン				・ハイパーフォリン
								・エキナコシド・シナリン・イソブチルアミド
	・α-ビサボロール・カマズレン							・マトリシン
			・タラキサシン				・カリウム(K)・カルシウム(Ca)	・タラキサステロール(注2)
				・クロロフィル			・鉄(Fe)・カルシウム(Ca)・亜鉛(Zn)	・デオキシノジリマイシン(DNJ)・γ-アミノ酪酸(GABA)
	・ℓ-メントール・メントン・メントフラン							
		・ハルマン・ハルモール						
						・ビタミンC		
					・リコペン・β-カロテン	・ビタミンC		
		・カフェイン・テオブロミン・テオフィリン				・ビタミンB$_2$・ビタミンB$_6$・ビタミンC	・鉄(Fe)・カルシウム(Ca)・カリウム(K)	
							・カリウム(K)	

注1：アントシアニジンの分子は、糖の分子と結合してアントシアニン分子になるものです。
注2：タラキサステロールは、分子構造がステロール類とは異なるため、「その他主要成分」としています。
※物質名や、物質の分類等については諸説ありますが、ここではメディカルハーブ検定テキストに準拠しました。

Check Test（メディカルハーブの作用1）

下記の質問に○か×で答えなさい。

1．植物の光合成は、二酸化炭素と水と太陽の光で行われる。（　　）

2．5大栄養素とは、3大栄養素にビタミンと食物繊維を加えたもの。（　　）

3．7大栄養素とは、5大栄養素に、食物繊維と植物化学成分を加えたもの。（　　）

4．植物は、光合成によって栄養素のみを作っている。（　　）

5．ミネラルは、植物が地中から吸収したものである。（　　）

6．1つのメディカルハーブには有効成分が1種類しかない。（　　）

7．相乗効果はメディカルハーブの持つ大きな特徴である。（　　）

8．心と体に効果を期待する場合、複数のハーブが必要である。（　　）

9．エルダーフラワーの利尿作用は、フラボノイドとアルカロイドが相乗効果を発揮する。（　　）

10．ローズヒップが含むフラボノイドは、ビタミンCの働きを減弱する。（　　）

11．同じメディカルハーブを服用しても、反応が異なることもある。（　　）

12．メディカルハーブの有効成分では、栄養素の補給はできない。（　　）

13．メディカルハーブの有効成分のうち、苦味を感じるのは苦味質のみ。（　　）

14．タンニンには、傷口を保護して再生する作用がある。（　　）

15．鎮痙作用とは、神経系の緊張を和らげる作用のことである。（　　）

解答・解説

1. ○

2. ×　5大栄養素は、3大栄養素にビタミンとミネラルを加えたもの。

3. ○

4. ×　植物は光合成で、栄養素、酸素と水、植物化学成分を作り出す。

5. ○

6. ×　1つのメディカルハーブには多様な有効成分がある。

7. ○

8. ×　1種類のハーブで心身両方に同時に効果をもたらすものがある。

9. ×　エルダーフラワーの利尿作用は、フラボノイドとカリウムで相乗効果を発揮する。

10. ×　ローズヒップのフラボノイドは、ビタミンCの働きを増強する。

11. ○

12. ×　ハーブの有効成分で、体内で作り出せない栄養素の補給ができる。

13. ×　苦味質のほかに、アルカロイドも強い苦味がある。

14. ○

15. ×　鎮痙作用とは、筋肉の緊張を和らげる作用のこと。

Check Test（メディカルハーブの作用 2）

下記の質問に○か×で答えなさい。

1. 抗酸化作用とは、活性酸素を取り込む作用のことである。（　　）

2. 利胆作用とは、肝臓の機能を高める作用のことである。（　　）

3. 収れん作用とは、皮膚の老化を抑える作用のことである。（　　）

4. 腸内のガスを出す作用のことを駆風作用という。（　　）

5. 免疫賦活作用とは、メディカルハーブの薬理作用の一つである。（　　）

6. 有効成分の苦味質は、鎮静・発汗の作用がある。（　　）

7. 1種類のハーブで、乾燥・脂性肌の両方に使用できるものもある。（　　）

8. 有効成分のアルカロイドのうち、パッションフラワーのハルマンは興奮作用を示す。（　　）

9. メディカルハーブの精油成分は脂溶性成分である。（　　）

10. 有効成分のタンニンには苦味成分がある。（　　）

11. 有効成分に苦味質があれば、そのハーブは胃や肝臓の不調に効果が期待できる。（　　）

12. 有効成分の粘液質には、皮膚粘膜を保護する作用がある。（　　）

13. 有効成分のフラボノイドは植物の色素成分である。（　　）

14. 樹皮などの傷はタンニンで修復される。（　　）

15. タンニンは人に発汗や鎮静作用をもたらす。（　　）

解答・解説

1. ×　抗酸化作用とは、活性酸素を取り除き、細胞の老化を抑える作用。

2. ×　利胆作用とは、胆のうの働きを高める作用。

3. ×　収れん作用とは、皮膚を引き締める作用。

4. ○

5. ×　免疫賦活作用は生体防御機能調節作用の一つ。

6. ×　苦味質には、健胃・強肝作用がある。

7. ○

8. ×　パッションフラワーのハルマンは、精神安定作用を示す。

9. ○

10. ×　タンニンには、渋味成分がある。強い苦味成分があるのはアルカロイド。

11. ○

12. ○

13. ○

14. ○

15. ×　フラボノイドが人に発汗や鎮静作用をもたらす。

105

実践！ハーバルケア：Bさんのケース

ハーブで体質改善、会社も休まず

　以前は冷え性と慢性的な疲労感に悩まされ、生理前は会社を休みがちでした。そんな体質を改善したくてハーブに親しむようになりました。

　カモミールジャーマンやラズベリーリーフをブレンドして飲むうちに、いつも氷のように冷たかった手足の苦痛が和らぎ、徐々に体質改善されているのを感じるようになりました。今では全く仕事を休まずに出勤できています。また、以前は冬になると職場で真っ先に風邪をひいていましたが、この頃はめったにひきません。

　家族や友人にもメディカルハーブを教えてあげて、喜ばれています。これからもハーブの勉強を続けて、さらに活用の幅を広げていきたいと思っています。

第**3**章

メディカルハーブの
選び方・使い方

毎日の料理や飲み物に、また美容のお手入れにと、メ
ディカルハーブを日常生活に取り入れることで、生活の
質を高めることができます。有効成分を十分に活用する
ための基礎知識を身につけましょう。

メディカルハーブの選び方

学習のポイント ●メディカルハーブの安全な楽しみ方を知る
●水や植物油などの基剤について学ぶ

1. 良質なハーブを手に入れるポイント

🌿 **食品扱いのハーブを選ぶ**：

ハーブには、雑貨として販売されているポプリ用などもある。雑貨
扱いのハーブは、添加物、残留農薬の問題などがあり、安全性の確
認ができないため、外用として用いる場合も「食品」扱いのハーブ
を購入すること。

🌿 **香りと色を確認**：

購入の際には、可能な限り五感を使ってハーブの香りと色を確認。
ハーブの色素成分は品質の良し悪しを表す大切な要素。たとえばウ
スベニアオイの場合、アントシアニン色素の青色がしっかり残って
いるものを選ぶ。

🌿 **使用部位を確認**：

ハーブの使用部位である「花」「葉」「萼」などを確認し、用途に添っ
て選ぶ。適切な部位でないと、効果が出ないばかりか、異なる作用
が出る場合があるので注意。

🌿 **少量ずつ購入**：

ハーブはホウル（丸ごと、原形をとどめた状態）で少量ずつ購入す
ること。大量に購入して長期保存すると、品質が劣化するので注意。

🌿 **信頼できる店で購入**：

きちんとした知識を持ったスタッフがいる、信頼できる店で購入す
る。手軽であっても、インターネットでの安易な購入はおすすめで
きない。

2. 使用上・保存上の注意

①使用上の注意

🌱 使用の際には、使用直前に必要な分だけカットする。

🌱 ローズヒップやフェンネルなど固い実や種子は、乳鉢などで細かくつぶして使用。

🌱 ハーブティーは成分が変化（酸化）するため、作り置きはせず、作ったその日に飲み切る。

🌱 特に高齢者や子どもの場合、様子を見ながら使用する。ハーブの作用は穏やかだが、体質や体調によって影響がある場合もある。

🌱 妊娠中、および服用中の薬がある場合は、使用を控えた方がよいハーブがあるので注意する。

②保存上の注意

🌱 雑菌の繁殖を防ぐため、保存容器は十分に消毒し、使用の際は手洗いもしっかり行う。

🌱 保存の3原則は「密閉」「遮光」「冷暗所に保管」。保存容器は密閉できるガラス製の遮光ビン（褐色か青色）を使い、湿気のない冷暗所で保存。密閉するのは酸化を防ぐため。遮光するのは、紫外線が色素成分を壊すのを防ぐため。また、冷暗所に保管することで、高温多湿による酸化や、色素成分の破壊を遅らせることができる。

🌱 保存容器には、ハーブの名前、購入日を記入したラベルを貼っておく。チンキや抽出油などの場合、作った年月日と使用したハーブ名などを貼っておくとよい。

3. 基剤の種類と特徴

①基剤とは

ハーブ製剤で使うハーブ以外の材料を、基剤という。具体的には、水、アルコール、植物油、ミツロウ、グリセリン、クレイなどがある。基剤の主な役割は以下の2つ。

🌿 ハーブの有効成分を利用しやすい形で抽出したり、加工したりする

🌿 基剤自体にも有効な働きがあるため、ハーブとの相乗効果が期待できる

ハーブの有効成分をよりよく利用するために、様々な形に加工することを製剤という。また、加工した形を剤型という。

②基剤の特徴と活用法

🌿 水

・水道水、ミネラルウォーター

　⇒ハーブティー（温浸剤）、湿布に使用

　※くみたての水道水は酸素を含んでいるという利点があるが、質が気になる場合は浄水器を使用すること。

　※ミネラルウォーターは、硬水を避けて軟水のものを使用するとよい。

・精製水（不純物を取り除いた水）

　⇒外用チンキの希釈、パック剤に使用

・芳香蒸留水

　（フローラルウォーター。ハーブから精油を抽出する時に得られる副産物）

　⇒芳香成分を微量に含むため、ローションやパックの基材として使用。

アルコール（エタノール、エチルアルコール）

水溶性、脂溶性の両方の成分を溶かす無色透明の液体。消毒作用を持ち、抗菌作用のあるハーブとの相乗効果が期待できる。防腐剤としての役割もある。

⇒主にチンキを作るときに使用。

※無水エタノールは、原液のままで皮膚に触れると皮膚を硬化させる恐れがあるため、注意して扱うこと。

※エタノールは、濃度によって以下の3種類に分けられる。

　◇消毒用エタノール…濃度76.8 ～ 81.2%

　◇エタノール…………濃度95 ～ 95.5%

　◇無水エタノール……濃度99.5%

※無水エタノールは外用チンキを作る際に使用。内用チンキには、ウォッカ（40度以上）を使用。

●ウォッカとエタノールの違い

●ウォッカ：
穀類（じゃがいも、とうもろこし、麦など）のでんぷんを糖化させた後、アルコール発酵させて蒸留し、それを白樺の炭でろ過したもの。無色無味無臭。酒店で購入。

●エタノール（エチルアルコール）：
糖質を微生物（酵母菌）でアルコール発酵させて得られるもの。薬局で購入。

植物油

植物の種子を圧搾して得られる油で、たくさんの種類がある。安全性が高く、軟膏や浸出油などの基剤として使用される。マッサージオイルとしても利用できるが、あらかじめパッチテストを行うこと。

※加熱したり化学薬品を使ったものではなく、天然のままで抽出したもののみを使用すること。

※酸化しやすい植物油もあるので保存に注意し、密閉して冷暗所に

置くこと。

※マカデミアナッツ油は、酸化を防ぐ目的でビタミンEを多く含む小麦胚芽油を約10％加えることがある。

🌱 ミツロウ

ミツバチが分泌するロウ成分で、ビーワックスとも呼ばれる。抗菌効果や保湿効果などがあり、軟膏やクリームの材料に使用される。常温では固体だが、60〜67度くらいになると溶けて液体になる。精製した白色と未精製の黄色のものがある。

🌱 グリセリン

植物性・動物性の脂肪や油脂から得られる無色透明、無臭の液体。水にもエタノールにもよく溶けて、すぐれた保湿効果があるため、外用ローションやクリームに使用される。甘味があるため手作りの歯磨きペーストにも適する。その名前はギリシャ語の「甘い」に由来するとされる。

🌱 クレイ

シリカ（ケイ素）やマグネシウムなどのミネラルを含む鉱物（陶土）で、粒子の細かい粘土のこと。カオリン、モンモリオナイトといった種類がある。吸収作用、吸着作用、洗浄作用、収れん作用などがあり、主にパック剤に使われる。

メディカルハーブの使い方

学習のポイント ●メディカルハーブを利用する形（剤型）について知る
●使用目的によって、ハーブの最も効果的な剤型を選ぶ

1. メディカルハーブの水溶性・脂溶性成分の活用

🌱 水溶性成分を利用（水やお湯で成分を抽出）

（ex. ハーブティー、ハーバルバス、蒸気吸入、フェイシャルスチーム、芳香浴、湿布）

🌱 脂溶性成分を利用（植物油を使って成分を抽出）

（ex. 浸出油、軟膏）

🌱 水溶性、脂溶性両方の成分を利用

（ex. アルコールに浸けて成分を取り出すチンキ、ハーブの粉末をそのまま使用する方法）

❗**注意点**
・以下で紹介する基本レシピにおいて、ハーブや植物油などの分量が記載されていない場合は、個々のレシピの規定量によります。

2. 水やお湯で成分を抽出する方法

①ハーブティー

ハーブに含まれている水溶性の成分を取り出して利用。成分を熱湯で抽出する温浸剤（ハーブティー）と、常温の水にハーブを漬け込んで成分を抽出する冷浸剤（水出しハーブティー）がある。ハーブティーに含まれる水溶性の有効成分は、体内で吸収後、約6時間後には排出される。よって、ハーブティーは1日3～4回に分けて飲用するのが有効。ハーブティーは1種類で利用するほかに、複数のハーブをブレンドすることで相乗効果が得られたり、飲みにくいハーブを飲みや

113

すくする効果がある。

◎ハーブティーのメリット：

・直接飲用することで、有効成分が体内に吸収されやすく、特にビタ
　ミンやミネラルなど栄養素の摂取に最適。

・消化器に炎症がある場合（口内炎、咽頭炎、胃炎など）、炎症部に
　有効成分が直接作用する。

・ハーブティーにした時によい香りがするハーブは、微量の揮発性成
　分（精油）を含む。それを鼻から吸収することでリラックス、リフ
　レッシュでき、アロマテラピーと同じような効果がある。

・水出しハーブティーはお湯を使用しないため、高温で抽出されるカ
　フェインやタンニンなどの溶出を抑えられる。味もまろやか。

【ハーブティー（温浸剤）の作り方】 --

１．手や乳鉢などでハーブを細かくし、ティーポットに入れる。ハーブの量は、
　　ティーカップ１杯分につき、ティースプーン山盛り１杯が目安。ハーブの種
　　類によっては少しずつ適量が異なるため、その都度、調整する。

２．熱湯を注ぎ、揮発性成分が逃げないようにフタをして抽出。熱湯の量は、
　　ティーカップ１杯分に約 150 〜 180cc。抽出時間は、花や葉は 3 分間、種子
　　や根は 5 分間。

３．茶こしを使って、カップに注ぐ。

※鍋を使用する場合は、鍋に水を入れて沸騰させ、火を止めて、細かくしたハー
　ブを入れ、フタをして抽出。ほか分量や時間などはティーポットの場合と同じ。

【水だしハーブティー（冷浸剤）の作り方】 --

１．ガラス容器などに細かくしたハーブと常温の水を入れる。水の分量はティー
　　ポットを使用する場合と同様。

２．容器にフタをして約 6 時間、常温の状態で抽出。

3．茶こしを使ってグラスに注ぐ。

※温浸剤、冷浸剤ともに、出がらし（残った茶葉）は、ティーパックに入れて入
浴剤として使ったり、土に混ぜて堆肥としても利用できる。

> **⚠ 注意点**
> ・ドライハーブは、利用する直前に使う分だけをすりつぶす。水分に触れる
> 　面積が大きいことで成分が出やすくなるため、細かくつぶすこと。
> ・水出し（冷浸剤）の場合、長時間にわたって常温で抽出するため、雑菌が
> 　入らないように注意。使用する容器はあらかじめ熱湯消毒しておく。
> ・フレッシュハーブの場合、葉の表面を軽く叩いたり、ちぎったり、揉んだ
> 　りすると抽出が促され、香りがよくなる。

②ハーバルバス

ハーブの水溶性の有効成分を肌から浸透させる。ハーブを布袋や
ティーパックに入れて直接浴槽に入れる方法と、あらかじめ作った温
浸剤を入れる方法の2つがある。ハーブは精油に比べて刺激や香りも
穏やかであるため、早めにバスタブに入れて成分をよく抽出させ、な
じませておくとよい。ハーバルバスの後は、ハーブティーなどで水分
の補給をするとよい。

◎ハーバルバスのメリット：

・お湯に浸かることで毛穴が開き、血液の循環がよくなり、ハーブの
　成分が体内に吸収されやすくなる。

・蒸気吸入の効果があるだけでなく、ハーブの種類によっては、保湿
　や美肌といったスキンケア効果も期待できる。

・入浴そのものの温熱効果にハーブの成分が加わることで、疲労回復
　効果がさらに高まる。

全身浴

ゆったり肩までつかる入浴法。全身の疲労回復やスキンケアに効果的。

【全身浴の方法】--

1. 細かくしたハーブ約 20 g を木綿の袋かティーパックに入れる。または、熱湯で 10 分以上抽出した濃いめのハーブティーを作る。

2. 浴槽に 1 を入れて入浴。

半身浴

浴槽に浅めにお湯をはり、みぞおちあたりまでつかる方法。心臓への負担が少ないため、長時間入浴することが可能。寒い時期は、上半身を冷やさないよう、肩に乾いたバスタオルなどをはおって入る。

【半身浴の方法】--

1. 細かくしたハーブ約 20 g を木綿の袋かティーパックに入れる。または、熱湯で 10 分以上抽出した濃いめのハーブティーを作る。

2. 浴槽に 1 を入れて入浴。

部分浴（手浴、足浴）

洗面器などにお湯とハーブを入れ、手や足をつける方法。

＜手浴＞

短時間でも手軽にできるので、気分転換したい時におすすめ。

【手浴の方法】--

1. 洗面器にハーブを入れて熱湯を注ぎ、5 分以上抽出。

2. 手がつけられる程度の熱さに水で調節し、両手首から先を浸す。冷めてきたらお湯を足す。

＜足浴＞

大きめの洗面器やバケツを使用するとよい。手足の冷えやむくみなど部分的に効果があるだけでなく、手足を温めることで全身の血流がよくなり、体全体が温まる。お風呂に入れない時のケアや、足先が冷たくて眠りにくい場合におすすめ。

【足浴の方法】--
1．バケツなどにハーブを入れて熱湯を注ぎ、5分以上抽出。
2．水を入れて足がつけられる程度の熱さに調節し、椅子に座ってくるぶしの上あたりまで浸ける。冷めたらお湯を足す。

❗注意点
・全身浴は、ハーブの有効成分を全身から吸収できるので、お湯はややぬるめの温度（38〜40度）でゆっくり時間をかけて入浴する。部分浴の場合には、少し高めの温度で行う。

レシピ ハーブのバスソルト

材　　料＊天然塩…大さじ2
　　　　　細かく砕いたハーブ…小さじ1
手　　順＊天然塩に、砕いたハーブを混ぜれば完成。浴槽によくかき混ぜてから入浴する。部分浴の場合、バスソルトの量を調整。芯から温まるので、寒い冬、冷え症の方におすすめ。

③蒸気吸入

ハーブに含まれる精油など、揮発性成分を含んだ蒸気を吸い込む方法。おすすめのハーブとして、ペパーミント、ユーカリ、ラベンダーなどがある。刺激が少なく、作用が穏やかなので、子どもや高齢者にも使用できる。

◎蒸気吸入のメリット

・鼻やのどの粘膜に有効成分を直接作用させることができる。
・蒸気の温熱による血流促進や保湿効果が得られる。
・呼吸器系に作用する。

【蒸気吸入の方法】--

＜用意するもの＞　ドライハーブ約5〜10ｇ、ボウルまたは洗面器、熱湯（ポット）、バスタオル

1．洗面器にハーブを入れ、熱湯を注ぐ。
2．蒸気が逃げないようにバスタオルをかぶり、深呼吸するように湯気を鼻や口から吸いこむ。

> **!注意点**
> ・揮発性成分が目の粘膜を刺激する恐れがあるため、必ず目を閉じて行う。
> ・お湯の温度が高いため、お湯に顔を近づけすぎないようにする。
> ・咳が出ている時は行わないようにする。

④フェイシャルスチーム

ハーブに含まれる精油など、揮発性成分を含んだ蒸気を顔にあてる方法。スキンケアにおすすめのハーブとして、ジャーマンカモミール、ローズなどがある。

◎フェイシャルスチームのメリット：

・毛穴を開き、毛穴の奥の汚れを出しやすくする。

・肌に潤いを与え、ハーブによっては引き締める効果なども。

・揮発性の香り成分によるアロマテラピー効果が期待できる。

【フェイシャルスチームの方法】--

＜用意するもの＞　ドライハーブ約5〜10ｇ、ボウル、または洗面器、熱湯（ポット）、バスタオル

1．洗面器にハーブを入れ、熱湯を注ぐ。

2．蒸気が逃げないように頭からバスタオルをかぶり、顔全体に蒸気をあてる。肌が敏感な人は5分程で様子を見ること。問題がなければ10分間を目安に行う。

❗注意点

・フェイシャルスチームは週に2回が限度。

・スチーム後は、化粧水や乳液などで肌を整える。

・目への刺激を避けるため、必ず目を閉じて、また、やけどをしないように注意する。

⑤芳香浴

アロマテラピーの芳香浴と同じように、ハーブの香りを部屋に拡散させて楽しむ方法。

◎芳香浴のメリット：

・ハーブの香り成分を鼻から吸い込むことで脳に働きかけ、リラックス、リフレッシュ効果が得られる。
・蒸気が部屋に拡散されるので、空気の乾燥を防ぐ。
・抗菌作用を持つハーブであれば、室内を除菌する効果が得られる。
・芳香浴におすすめのハーブとして、ペパーミントやレモングラスなどがある。

【芳香浴の方法】--

＜用意するもの＞　ハーブ約 5 ～ 10 ｇ、ボウル、熱湯（ポット）

※ハーブの分量はフェイシャルスチームと同様だが、部屋の広さによってハーブの量やボウルの大きさを適宜調節すること。

→ボウルなどにハーブを入れ、熱湯を注ぎ、湯気を発生させる。

----

⑥湿布

ハーブに含まれる水溶性の有効成分を布に含ませて体に当てる。お湯を使う温湿布と水を使う冷湿布、アイパックがある。

◎湿布のメリット

・有効成分が皮膚から体内に浸透し、皮膚に直接作用させることができる。そのため美容にも適している。

🌿 温湿布

血流をよくし、筋肉痛や肩こり、慢性的な症状、炎症に適する。

【温湿布の方法】--

＜用意するもの＞　ドライハーブ、フタのある鍋（できれば目盛り付）、ざる、

ボウル（または洗面器）、ガーゼなどの布

1．鍋に水を入れて沸騰させる。

2．火を止めてから、細かくしたハーブを入れ、フタをして10分間抽出する。

3．ハーブをざるでこし、ボウル（または洗面器）に移す。

4．冷めないうちにガーゼなどの布を浸し、軽く絞って患部に当てる。

⚠ 注意点
・皮膚に直接当てるため、やけどに注意。
・温度が冷めないように、ドライタオルを1枚用意して覆うとよい。

🌿 冷湿布

急性症状に適している。ねんざや打撲の直後、軽いやけどなどの際、熱を冷まして炎症を抑える。また、長時間のデスクワークなどで煮詰まった気分をリフレッシュしたい場合にも適している。

【冷湿布の方法】

＜用意するもの＞　ドライハーブ、フタのある鍋（できれば目盛り付）、ざる、ボウル、ガーゼなどの布

※使用ハーブはℓ-メントールのすがすがしい香りと冷却効果のあるペパーミントなどが適している。

1．温湿布と同様に抽出し、ハーブをざるでこしたものをボウルに入れて冷蔵庫で冷やす。

2．ガーゼなどの布を浸して軽く絞り、患部に当てる。

3．冷たさがなくなったら取り替え、数回繰り返す。

アイパック

疲れ目や充血のケアに効果的。ジャーマンカモミール、ラベンダーなどがおすすめ。長時間のパソコン使用などによる眼精疲労には、目の周りにあるツボ押しも併せて行うとより効果的。

【アイパックの方法】--
＜用意するもの＞　冷やしたドライハーブ抽出液、ボウル、カット綿

1．冷湿布の手順で冷やした抽出液に、カット綿を浸して軽く絞る。

2．目を閉じ、カット綿を目の上にのせる。

3．カット綿の上から指で軽く圧迫する。

フェイスパック

保湿には温湿布、日焼けには冷湿布が効果的。パックは湿布に比べて成分を密着して固定させるため、皮膚への吸収がよいこともメリットだが、敏感肌やダメージ肌に使用する場合、刺激が強すぎないようハーブの選択や使用量、使用時間に注意が必要。

【フェイスパックの方法】--
＜用意するもの＞　ドライハーブ、鍋（できれば目盛り付）、茶こし、ボウル、フェイスパックシート（ティッシュペーパーをカットして使用することもできる）

1．ハーブを細かくして鍋に入れ、熱湯を注ぎ5分間抽出。

2．茶こしでこす。

3．冷めてからフェイスパックシートに含ませ、10分間パックする。

※パックの前には必ず洗顔をしておくこと。

! 注意点
・発疹やかゆみが出た場合は、すぐに洗い流して肌を休ませること。

3. 油分で成分を抽出する方法

①浸出油

植物油にハーブを漬け込んで成分を抽出する方法。精油、カロテノイド、ビタミンEなど脂溶性の有効成分を活用できる。主に外用として、スキンケアやマッサージ用のオイルとして使用。ミツロウを混ぜて溶かし、軟膏にしてもよい。約3カ月保存できる。浸出油や軟膏には、皮膚の万能薬とされるカレンデュラ(ポットマリーゴールド)が重宝する。

◎浸出油のメリット

・有効成分を長時間皮膚につけて、ゆっくり作用させることができる。

・感染や外部の刺激から皮膚を保護することができる。

・長期間(約3カ月)の保存が可能。

🌿 温浸油

植物油を湯煎にかけて抽出する方法。チンキに比べて酸化しやすいが、そのまま肌に塗って使ったり、軟膏やクリームの基材として使用できる。短時間で簡単に成分の抽出ができる。

【温浸油の作り方】--

<用意するもの>　ドライハーブ、植物油、湯せん用の水と鍋、耐熱ボウル、保存容器の遮光ビン、茶こし(またはガーゼかキッチンペーパー)、日付用ラベル

1. 耐熱ボウルに細かくしたハーブを入れ、ハーブが完全に浸る量の植物油を注ぐ。

2. 鍋に水を入れて沸騰させ、1のボウルを湯せんする。ときどきガラス棒でかき混ぜながら30分湯せんする。

3. 茶こし(またはガーゼかキッチンペーパー)でこして、浸出油を保存用の遮光ビンに移す。

🌿 冷浸油

ハーブを植物油に常温で長時間漬け込む方法。抽出の途中で新しいハーブに入れ替えるのも効果的。植物油の酸化を防ぐ目的で、植物油に小麦胚芽油を約 10％加えることがある。

【冷浸油の作り方】--

＜用意するもの＞　ドライハーブ、植物油、ガーゼ（またはキッチンペーパー）、
　　　　　　　　　透明の広口ガラスビン、保存用の遮光ビン、日付用ラベル

1. 広口ガラスビンに細かくしたハーブを入れ、ハーブが完全に浸る量の植物油を注ぐ。
2. フタをしっかりしめて温かい場所に置き、1日1回ビンを振ってよく混ぜ合わせる。2週間漬け込む。
3. ビンの中身をガーゼ（またはキッチンペーパー）でこして、ガーゼに残ったハーブを絞る。
4. 保存用の遮光ビンに移す。

> ❗**注意点**
> ・抽出を促すために、温かい場所に置くこと。
> ・保存には密閉できる遮光ビンを使用する。
> ・雑菌の繁殖を防ぐため、漬け込む際にはハーブが完全に油に浸るようにする。

②軟膏

ハーブの有効成分が溶けた浸出油と、抗菌や保湿効果などがあるミツロウを加えて作る方法。

【軟膏の作り方】

<用意するもの>　カレンデュラ抽出油、ミツロウ、湯煎用ビーカー、竹ベラ、湯煎用の水と鍋、保存用の遮光容器、日付用ラベル

※「浸出油：ミツロウ」の分量は、5：1の割合になるようにする

1．浸出油とミツロウを湯せん用のビーカーに入れる。
2．鍋に水を入れて沸騰させ、ビーカーを入れて湯せんする。
3．竹ベラでよくかき混ぜ、ミツロウを溶かす。
4．ミツロウが溶けたら、ビーカーを鍋から引き上げ、さらによくかき混ぜる。
5．軟膏が完全に固まる前に、消毒した保存用の遮光容器に移す。

4. アルコールで成分を抽出する方法

①チンキ

ハーブをアルコールに漬け込んで有効成分を抽出する方法。外用チンキと内用チンキがある。薄めて飲用したり、うがいや湿布に、また、ローションに混ぜて使用したりと、常備しておくと様々に活用できる。

◎チンキのメリット：

・アルコールを使うので、内服した際、口腔粘膜や胃から早く吸収される。

・長期保存（約1年間）が可能。

・目的に応じて内用、外用に利用できる。

🌿 内用チンキ

少量のチンキをお湯やハーブティーに入れて飲む方法。内用チンキの場合、アルコールはウォッカ（40度以上）を使用。有効成分が吸収されやすく、アルコールの作用で体が温まる。

【内用チンキの作り方・使い方】--

＜用意するもの＞　ドライハーブ、アルコール（ウォッカ）200ml、透明の広口ガラスビン、茶こし（またはガーゼ）、保存用の遮光ビン、日付用ラベル

1．透明の広口ガラスビンにハーブを入れ、ハーブが完全に浸る量のアルコール（ウォッカ）を注ぐ。

2．ビンのフタを締めて1日1回ビンを振ってよく混ぜ合わせ、2週間漬け込む。

3．茶こし（またはガーゼ）でこし、保存用の遮光ビンに入れて冷暗所へ保存する。

4．チンキ数滴をカップ1／2杯程度の湯またはハーブティーに入れて飲用する。

> **❗注意点**
> ・ハーブがアルコールに浸っていないと空気に触れて傷むため、注意する。
> ・漬け込み用のビンや保存用ビンは、雑菌が入らないよう、必ず煮沸消毒する。
> ・抽出中は、抽出を促すために温かい場所に置く。
> ・保存する場合は遮光性のガラスビンを使い、密閉して冷暗所に置く。
> ・アルコールを摂取できない人に対しては、チンキを湯せんにかけてアルコールを揮発させて使用する。
> ・保存中、子どもや高齢者が誤って飲まないように注意する。

🌿 外用チンキ

精製水で薄め、鎮痛や消毒を目的として患部に塗る。布にしみ込ませて湿布に、また、ローションとして美容にも利用できる。外用チンキを作る時のアルコールは、成分の抽出を促すためにも無水エタノール（水で薄められていないもの）が適している。

【外用チンキの作り方・使い方】

※アルコールは無水エタノールを使用（ウォッカでも可）。そのほかの材料や分量は、内用チンキと同様。

1. チンキを精製水で4〜10倍（用途によって濃度が異なる）に薄める。
2. 患部に塗布、または湿布として使う。精製水で希釈したチンキは冷暗所で保存し、1週間程度で使用する。

5. ハーブの粉末を使用する方法

① パウダー

ハーブをフードミルまたは乳鉢で粉末にして利用する方法。サプリメントや薬のようにそのまま服用できる。料理に振りかけたり、パック剤として利用できる。

🌿 パック剤

ハーブパウダーをクレイ（粘土）と水で溶いて利用する方法。クレイによる吸収、吸着、洗浄、収れん効果を活用できる。パック基剤は、使用目的によって、温めるか冷やすかが異なる。

【パック剤の作り方・使い方】------------------------------

1．フードミル等でハーブを粉末にする。

2．ハーブを茶こしでふるった後、クレイと合わせる。

3．2に精製水を少しずつ加えて混ぜ、軽く練れる状態にする。

4．顔面にパックする。完全に乾燥する前にはがし、ぬるま湯で洗顔する。

┌──┐
│ ❗**注意点**
│ ・目や口のまわりは避けて行う。
│ ・肌に違和感がある場合、すぐに洗い流すこと。
│ ・乾燥が気になる場合、グリセリンや植物油、はちみつを少し加えてもよい。
└──┘

🌿 ゴマージュ

ゴマージュとは、フランス語で「消す、取り省く」を意味する。水を含んだハーブパウダーで、古くなった角質や汚れをやさしく取り除く方法。物理的な刺激とハーブの持つ有効成分による、相乗効果が期待できる。

【ゴマージュの作り方・使い方】

＜用意するもの＞　ドライハーブ約 4 g、フードミル、茶こし、水またはハーブティー約 20ml

1．ハーブをフードミル等で粉末にする。
2．茶こしでふるう。
3．パウダーを手に取り、水かハーブティーを少しずつ加え、適度な状態にする。
4．3をひじ、ひざ、かかとなどに付けて軽くこすり、古い角質を取り除く。水またはぬるま湯で洗い流す。

⚠ 注意点
・パウダーは細かくすることで酸化しやすくなるため、使用する直前に作って 1 回で使い切る。

Check Test（メディカルハーブの選び方・使い方 1）

下記の質問に○か×で答えなさい。

1．ハーブを様々な形に加工することを製剤という。（　　　）

2．温浸剤（ハーブティー）を作る時は常温の水を使う。（　　　）

3．ハーブは、購入後すぐに細かくつぶして保存するとよい。（　　　）

4．使用部位が根のハーブに熱湯を注ぎ、フタをして5分間抽出した。（　　　）

5．冷浸剤には、カフェインやタンニンが多く溶け出している。（　　　）

6．冷浸剤は50度前後のお湯で作る。（　　　）

7．ハーバルバスは、ハーブを細かくくだいて袋に入れ、浴槽に入れる。（　　　）

8．ハーバルバスでは、熱め(42〜44度)のお湯にゆっくり入浴する。（　　　）

9．蒸気吸入では、ハーブの揮発性成分を熱湯の蒸気とともに吸い込む。（　　　）

10．蒸気吸入では、揮発性成分が目の粘膜を刺激しないよう目を閉じる。（　　　）

11．フェイシャルスチームは、保湿効果により肌に潤いをもたらす。（　　　）

12．フェイシャルスチームは毎日行うと効果的である。（　　　）

13．芳香浴は、部屋の空気を浄化させ、湿度を上げる効果がある。（　　　）

14．湿布を行うとメディカルハーブの水溶性成分を利用できる。（　　　）

15．アイパックは、温湿布の手順で抽出した温かいハーブ液に、カット綿をつけて行う。（　　　）

解答・解説

1. ○

2. ×　温浸剤には熱湯を使用。常温の水は水出しハーブティーに使用。

3. ×　ハーブはあらかじめ細かくつぶしておくと劣化を早める。

4. ○

5. ×　冷浸法は、カフェインやタンニンの溶け出しを抑制する。

6. ×　冷浸剤は常温の水で作る。

7. ○

8. ×　蒸気吸入は、ややぬる目（38〜40度）のお湯で行う。

9. ○

10. ○

11. ○

12. ×　フェイシャルスチームは、週2回を限度とする。

13. ○

14. ○

15. ×　アイパックは、冷湿布に使用するハーブで抽出した液を使用する。

Check Test（メディカルハーブの選び方・使い方 2）

下記の質問に○か×で答えなさい。

1．温湿布は慢性症状に、冷湿布は急性症状に適している。（　　）

2．ハーブをアルコールで抽出したものをチンキという。（　　）

3．チンキは、ハーブの水溶性成分のみを利用する。（　　）

4．チンキは長期間（約半年）保存することができる。（　　）

5．チンキを内服すると、体を温める効果がある。（　　）

6．外用チンキの希釈は、水道水で行うのが適している。（　　）

7．チンキを外用で使用する場合、通常2倍の濃度に薄めて使用する。（　　）

8．チンキに使用するガラスビンは、エタノールで消毒する。（　　）

9．内用チンキを作る際、度数の高いウォッカ（40度以上）を使用する。（　　）

10．無水エタノールの濃度は 95.0 ～ 95.5％である。（　　）

11．浸出油とは、メディカルハーブの脂溶性成分を抽出したものである。（　　）

12．浸出油は長期間（約3カ月）保存できる。（　　）

13．基剤として植物油を使用する際、酸化防止に小麦胚芽油を35％混ぜることがある。（　　）

14．浸出油は、植物油によってビタミンCを抽出することができる。（　　）

15．冷浸油の抽出中は、涼しい場所に置くとよい。（　　）

解答・解説

1. ○

2. ○

3. × チンキは水溶性成分と脂溶性成分の両方を利用する。

4. × チンキは約1年間の保存が可能。

5. ○

6. × 外用チンキの希釈は、精製水が適している。

7. × 外用チンキは通常4〜10倍の濃度に薄める（用途による）。

8. × チンキに使用するガラスビンは、必ず煮沸消毒する。

9. ○

10. × 無水エタノールの濃度は99.5%。95.0〜95.5%はエタノール。

11. ○

12. ○

13. × 基材として使用する植物油の酸化防止には、小麦胚芽油を10%混ぜる。

14. × 浸出油では、ビタミンEやカロテノイドを抽出できる。

15. × 冷浸油の抽出中は、温かい場所に置く。

Check Test（メディカルハーブの選び方・使い方 3）

下記の質問に○か×で答えなさい。

1. 冷浸油は、植物油にメディカルハーブを 1 週間漬け込む。（　　）

2. ミツロウとは、アシナガバチが分泌するロウのことである。（　　）

3. 軟膏は、チンキとミツロウを混ぜて作る。（　　）

4. 軟膏は有効成分が皮膚に長く留まるため、ゆっくり作用する。（　　）

5. ハーブを粉末にしたパウダーを料理にふりかけて食べてもよい。（　　）

6. クレイとは、ケイ素を含むカオリンなどの植物である。（　　）

7. パック剤は、ハーブのパウダーとクレイを水で練り合わせて作る。（　　）

8. 保湿作用にすぐれたグリセリンは、黄色で無臭の液体である。（　　）

9. クレイはシリカを含む鉱物で、保湿作用にすぐれている。（　　）

10. 雑貨として扱われているハーブは、添加物、農薬が含まれる可能性が
    あるため、メディカルハーブとして使用することはできない。（　　）

11. ハーブは保存がきくので、大量に購入しておくとよい。（　　）

12. ハーブの科名をよく見て購入するのが大切だ。（　　）

13. ハーブの作用は穏やかなので、子どもの使用に注意は必要ない。（　　）

14. 保存時には、必ず遮光ビンに入れておく。（　　）

15. ハーブを保存する際の注意点は、「密閉」「遮光」「高温」である。（　　）

解答・解説

1. × 冷浸油は、ハーブを2週間漬け込む。

2. × ミツロウは、ミツバチが分泌するロウ。ビーワックスともいう。

3. × 軟膏は、浸出油とミツロウを混ぜて作る。

4. ○

5. ○

6. × クレイは鉱物である。

7. ○

8. × グリセリンは無色、無臭の液体である。

9. × クレイは、吸収・吸着・洗浄・収れん作用にすぐれている。

10. ○

11. × ハーブは大量に購入せず、使い切れる量をこまめに購入する。

12. × ハーブの購入時には、まず学名を確認する。

13. × 子どもやお年寄りには、様子を見ながらハーブを使用する。

14. ○

15. × 保存上の注意点は「密閉」「遮光」「冷暗」。

Column フィトケミカル豆知識②
粘液質（多糖類）

　多糖類とは、化学的結合によって結びついた多数の糖（単糖もしくはオリゴ糖）からなる、分子量がきわめて大きい高分子の重合体です。そして粘液とは、長い鎖状構造の多糖類です。

　粘液は、水と混ざり合うとヌルヌルとした半固形状になります。これが一般にゲルやジェルといわれるものです。損傷や炎症を起こした部位にこれをつけると粘膜保護の働きをしてくれますし、皮膚には保湿作用があります。最近人気のゲル状のクレンジングや美容液は、ゲルの粘膜保護作用の特性を生かしたものです。

　粘液質が豊富に含まれるウスベニアオイやエルダーフラワー、ハイビスカス、リンデンなどは、粘膜を保護し、肌に潤いを与えてくれる、美肌効果抜群のハーブです。特にリンデンを使ったパックやゴマージュは美白や保湿効果もあり、シミやシワのお手入れにおすすめです。

　ハーブティーに使った後の出がらしを入浴剤にするのもよいでしょう。美と健康のためにハーブを無駄なく活用していきましょう。

第4章

メディカルハーブで
心身を癒す

心身の不調をサポートしてくれるメディカルハーブの
レシピをご紹介します。第1章で学んだハーブの持つ特
性も確認しながら、自分なりのレシピも考案してみては
いかがでしょうか。

メディカルハーブの症状別ケア

学習のポイント ●不快な症状や状況別に、適したメディカルハーブを知る
●各症状に適したハーブを、効果的な剤型で取り入れる

1. 消化器系のトラブル

消化器系の不調は心の状態と密接な関係があり、精神的なストレスからくる場合も多い。

① 胃腸の不調

・原因：消化機能の低下、精神的なストレス
・症状：吐き気、下痢、腹部に何となく感じる不快感

心配事などがある時には交感神経が活発になり、胃腸での消化活動は抑制される。リラックスしている時には副交感神経が優位になり、消化液がよく分泌され、消化はスムーズに行われる。

🌿 胃腸の不調におすすめのハーブ

◆ペパーミント：

消化器の症状緩和作用にすぐれている。ハーブティーにして、食後にゆっくり飲用する。

足部や腹部に温湿布をしてもよい。また、ペパーミントをフードミルにかけてパウダー状にし、水と一緒に飲用するのもおすすめ。飲みにくい場合はカプセルに入れ、ハーブのサプリメントとして飲むことも可。その際、分量が多くなりすぎないように注意。

※消化器に直接作用させるため、オブラートで服用することは避ける。

◆ジャーマンカモミール：

「植物のお医者様」とも呼ばれる。お腹の万能薬。駆風作用によって

お腹に溜まった不快なガスが排出されるほか、消炎作用、ストレス性の緊張をやわらげる鎮静作用もある。

ハーブティーにして食後にゆっくり飲用する。消炎作用を期待する場合は、食間や寝る前の空腹時に飲用する。

②便秘

・原因：不規則で偏った食生活、運動不足、ストレス、消化不良
・症状：腹部膨満、腹痛、食欲不振、吐き気、肌荒れなど

大腸の働きは自律神経によりコントロールされ、ストレスから自律神経系にアンバランスを生じると便秘や下痢を引き起こす。

🌿 便秘におすすめのハーブ

◆ダンディライオン、ハイビスカス、ローズヒップ、ペパーミント：いずれも緩下作用があり、穏やかな作用で便秘改善のサポートをする。ハーブティーにして飲用するとよい。

特に下痢と便秘を繰り返すストレス性の過敏性腸症候群には、鎮痙作用のあるペパーミントの温湿布が適している。腸の働きを調整するのを助けてくれる。腹部へのマッサージを併用し、刺激を与えるとより効果的。

レシピ 腹部のマッサージオイル

材　料＊浸出油…5ml（ローズヒップやセントジョンズワートがおすすめ）
　　　　植物油（ホホバ油、カスターオイルなど）…45ml
手　順＊浸出油と植物油をビンの中でよくブレンドする。
　　　　①静かに横になり、呼吸を整える。
　　　　②下腹部に片方の手の平を密着させ、もう片方の手を上に重ねる。
　　　　③おへそを中心に、吐く息にあわせて時計回りにゆっくり円を描くようにマッサージする。

第4章 メディカルハーブで心身を癒す

2. 精神的トラブル

脳の視床下部と下垂体は、日常生活で受ける様々な感情に敏感に反応する。その影響で自律神経や内分泌の調節が乱れると、症状として現れる。

①不眠、抑うつ

不眠や抑うつの原因や症状は人により様々だが、まずは鎮静作用のあるハーブで神経をクールダウンさせるのがおすすめ。

不眠には次のようなタイプがある。

　　1）寝つきが悪い「入眠障害」

　　2）夜中に目が覚める「中途覚醒」

　　3）眠りが浅い「熟眠障害」

　　4）早く目が覚める「早期覚醒」（抑うつ傾向があるとされる）

🌸 不安・抑うつにおすすめのハーブ

◆セントジョンズワート：

うつ傾向が強い早期覚醒タイプに。

◆ジャーマンカモミール、ペパーミント：

不眠に定番のハーブ。いずれもハーブティーにして飲用する。鎮静作用や緩和作用で心身をリラックスさせて睡眠を誘う。2つのハーブをブレンドするのも効果的。

◆リンデン：

芳香浴で就寝前、部屋に湯気と香りを拡散させれば、リラックスして心地よく入眠できる。

②不安・緊張

不安や緊張が長期にわたって続くと、心と体はつながっているために、

動悸や胃の痛みといった症状が出ることもある。平穏な気持ちを取り戻させたり、気分を高揚させてくれるハーブが役立つ。

🌿 不安・緊張におすすめのハーブ

◆ジャーマンカモミール：

不安や緊張感を取り除いてリラックスするためには、鎮静・緩和作用のあるジャーマンカモミールのハーブティーが適している。また、手浴も効果的。鼻から湯気を吸い込むことで鎮静効果が全身に行きわたる。

◆パッションフラワー：

「植物性の精神安定剤（トランキライザー）」といわれるハーブで、ジャーマンカモミールと一緒に飲用すると、さらに効果が高まる。

レシピ	不安や恐れを和らげるティー
材　料＊	ジャーマンカモミール…約２ g パッションフラワー…約２ g 熱湯…180ml
手　順＊	分量のハーブを熱湯で約３分間抽出する。カップに注いで飲用すれば香りも楽しめる。 ★心身の緊張をやわらげるリンデンとブレンドしてもよい。

---

3. アレルギーによるトラブル

年々増加傾向にあるアレルギーは、精神的なストレスも加わり、簡単にケアできないことも多い。メディカルハーブは心身のバランスを整え、アレルギーによるかゆみなどの緩和を助け、副作用の懸念も少ないとされる。

① 花粉症

・原因：様々なアレルゲン、アレルギー体質
・症状：くしゃみ、鼻水、鼻づまり

偏った食生活や、免疫力を妨げる一因であるストレスが、先天的な要因に加えて不快な症状を引き起こすことがある。体質改善を図るとともに、リラックスタイムを持つことがおすすめ。

🌸 花粉症におすすめのハーブ

◆エルダーフラワー：
抗アレルギー作用で症状の緩和を助ける。ハーブティーにして飲用。
◆ネトル：
アレルギー体質の改善目的で用いられる。ハーブティーにして飲用。
◆ペパーミント：
さわやかな香りの成分であるメントールが含まれているため、蒸気吸入がおすすめ。鼻づまりをすっきりとさせてくれる。

レシピ 花粉症改善のためのティー

材　料＊ネトル…約２ｇ
　　　　ローズヒップ…約２ｇ
　　　　熱湯…180ml
手　順＊分量のハーブを熱湯で約３分間抽出する。カップに注いで温かいうちに飲用する。
　　　★浄血や解毒作用のあるダンディライオンとブレンドしてもよい。

---

② アトピー性皮膚炎、湿疹

・原因：アレルギー体質、食べ物、精神的ストレス
・症状：ひどいかゆみ

アトピー性皮膚炎や湿疹は様々な要因があげられるが、遺伝的な体質

に加えて、食事内容やストレスなどが複雑にからみあって発症する。つらいかゆみに対しては、乾燥を防ぎ、保湿作用や消炎効果のあるハーブが役立つ。

🌿 アトピー性皮膚炎、湿疹におすすめのハーブ
◆ジャーマンカモミール：
皮膚や粘膜の炎症をやわらげるのを助ける。ハーブティーにして飲用。ローズヒップをブレンドすると、炎症によって消耗したビタミンCを補給することができる。ハーバルバスで外側からのケアもおすすめ。

4. 女性特有のトラブル

婦人科にかかわる不調は、女性ホルモンや自律神経の乱れによるものが多く、女性特有の症状である。イライラやうつ傾向が強くなる場合もある。

① 月経前症候群（PMS）
・原因：ホルモンや自律神経系のアンバランスなど
・症状：腰痛、頭痛、落ち込み、イライラなど多様な症状
月経前症候群（PMS：Premenstrual syndrome）は月経前のホルモンバランスが変化することで、多様な不快症状を引き起こす。体を温めて、生活リズムを整え、ゆったりと過ごすのがポイント。

🌿 月経前症候群におすすめのハーブ
◆ラズベリーリーフ：
PMSに効果が期待できるハーブの代表格。鎮静・鎮痙作用によって子宮筋の調節をし、生理痛をやわらげるのをサポート。ハーブティーにして飲用。

◆セントジョンズワート：

抗うつ作用で生理前の落ち込んだ気分を改善に導く。ハーブティーにして飲用。

②出産前後のケア

女性にとって出産は大きな喜びであると同時に、出産前後に変化する体型などへのとまどいや不安と向き合うことになる。胎児や新生児のためにも、できるだけ医薬品を使用せずに健康管理を行うことが求められる。

🐾 出産前後のケアにおすすめのハーブ

◆ラズベリーリーフ：

出産前に効果的で、子宮や骨盤周辺の筋肉を調整し、強化するため、出産準備のハーブとしてよく知られている。妊娠初期は避け、妊娠7カ月目以降から使用すること。

また、産後は子宮を収縮させる働きがあり、栄養効果とともに体力の回復も助ける。母乳の出を助ける働きもある。

◆ダンディライオン：

出産後におすすめ。母乳の出をよくし、豊富なビタミンやミネラルを含むため、栄養源としても用いられる。

> **レシピ** 妊娠後期のつわりによる吐き気を和らげるティー
>
> 材　料＊ペパーミント…約3g
> 　　　　スライスした生のショウガ…約2g
> 　　　　熱湯…180ml
> 手　順＊分量のハーブを熱湯で約3分間抽出する。カップに注いで温かいうちに飲用する。
> 　　　　★ハーブティーを飲むだけでなく、ハーブの香りを嗅ぐだけでも効果的。

③スキンケア

私たちは、紫外線、ストレス、喫煙、添加物の取り過ぎなどで活性酸素を体内に多く取り込んでいる。メディカルハーブはそれらを抑え、植物の有効成分で若さと美しさを保つサポートをしてくれる。

🦐 スキンケアにおすすめのハーブ

◆ジャーマンカモミール：
湿疹、肌荒れに用いられ、美白作用がある。

◆マルベリー：
美白作用がある。

◆ウスベニアオイ、リンデン：
豊富な粘液質ですぐれた保湿効果がある。

◆ネトル、ダンディライオン：
浄血作用があり、ニキビや吹き出物に用いられ、肌を整える。

◆ローズヒップ：
ビタミンCが弾力のある肌を作る。

レシピ シミやくすみが気になる人のためのティー

材　料＊エルダーフラワー…約１ｇ
　　　　ローズヒップ…約１ｇ
　　　　ハイビスカス…約１ｇ
　　　　熱湯…180ml
手　順＊分量のハーブを熱湯で約３分間抽出する。カップに注いで温かいうちに飲用する。
　　　　★体を温めるエルダーフラワーで血行が促され、顔色が明るくなる。ローズヒップとハイビスカスでビタミンCを豊富に取り入れ、体の内側から美肌に導く。

③ -1：シミ、色素沈着

・原因：紫外線、加齢

シミは長年浴びてきた紫外線のメラニン色素によるもので、皮膚の老化現象の一つといえる。メディカルハーブの持つ抗酸化作用で老化を遅らせ、新たなシミの予防にも効果が期待できる。

🌿 シミ・色素沈着におすすめのハーブ

◆ジャーマンカモミール：

美白、整肌効果が期待できる。ウォッカにジャーマンカモミールを2週間漬け込んだチンキを精製水で希釈し、シミや色素の出そうな場所に塗布したり、湿布したりする（外用の際、必要に応じて植物性グリセリン1〜5mlを混ぜると、保湿効果も得られる）。

◆マルベリー：

抗酸化作用のあるミネラル分の亜鉛などが含まれている。パウダー状にしたマルベリーに、クレイ（カオリン）と精製水を加えてよく練り（程よいペースト状になるよう水の量を調節する）、パックする。乾く前に洗い流す。

③ -2：シワ、たるみ

・原因：加齢

加齢による肌の弾力低下を取り戻すには、保湿を心がけて肌を乾燥から守り、コラーゲンの生成に必要なビタミンCを摂取するとよい。ハーブの浸出油を使ったフェイシャルマッサージも効果的。

🌿 シワ・たるみにおすすめのハーブ

◆リンデン：

肌を引き締める収れん作用や、保湿作用がある。フェイシャルスチームが有効。

◆ウスベニアオイ：
粘液質による保湿作用や、肌の保護作用を持つ。フェイシャルスチームが有効。
◆ローズヒップ：
ハーブティーにして摂取するとよい。使用部位の偽果は固いので、乳鉢でつぶして使用する。ローズヒップに多く含まれるビタミンCは、コラーゲン生成には欠かせない成分で、熱湯でも壊れにくい性質を持つ。

③ -3：肌荒れ

・原因：食生活の乱れ、ストレス、喫煙習慣など
ハーブティーを飲用することで、肌表面だけのケアではなく、体の内部からアプローチする内面美容を行うことができる。

🐾 肌荒れにおすすめのハーブ
◆ジャーマンカモミール：
消炎作用と鎮静作用が、ストレスからくる肌トラブルの改善を助ける。ハーブティーにして飲用。
◆ローズヒップ：
荒れた肌の修復には、コラーゲン生成に関わるビタミンCを補給できる。緩下作用もあるため、便秘で吹き出物が多い場合に効果が期待できる。ハーブティーにして飲用。
◆ダンディライオン：
強肝作用により解毒を促進させることから、吹き出物に用いられる。ハーブティーにして飲用。

レシピ 肌荒れ改善ティー

材　料＊ジャーマンカモミール…約２ｇ
　　　　ローズヒップ…約１ｇ
　　　　熱湯…180ml
手　順＊分量のハーブを熱湯で約３分間抽出する。カップに注いで温か
　　　　いうちに飲用する。
　　　　★食事内容などにも注意してトータルなケアを行うこと。

5.その他の日常的な不調

日々の生活の中で感じる不調、移り変わる季節の中で感じる不調、ま
たライフステージの変化によって起きる心身の不調などあるが、いず
れも早い段階でそれを感じ取り、対処することが大切。

① 冷え性

・原因：全身の血行不良、ストレス
・症状：腰から下、手足の指先の冷え、顔ののぼせなど
特に女性に多く見られる。「冷えは万病のもと」といわれ、免疫力の
低下を招く。冷えの原因である血行不良を改善するためには、適度な
運動の習慣や、全身を温める入浴、マッサージが効果的。

🐾 冷え性におすすめのハーブ
◆ジャーマンカモミール：
内用チンキがおすすめ。成分に含まれるフラボノイドの発汗作用で体
が温まり、鎮静作用でストレスがやわらぐ。
◆リンデン：
発汗作用と鎮静作用のあり、足浴が効果的。全身を温めながら、湯気
から香りも吸入できる。

②ダイエット

急なダイエットは、肌荒れや貧血、月経不順など体にトラブルを起こす可能性が高いので注意が必要。メディカルハーブの有効成分は穏やかに作用し、体にやさしいダイエットをサポートする。

ダイエットにおすすめのハーブ

◆マルベリー：
デオキシノジリマイシン（DNJ）が、糖類を分解する酵素の働きを阻害し、腸内で糖分の吸収を抑制する。
カロリーカットのサポートとして、ハーブティーを食前に飲むのがポイント。

◆マテ：
カフェインの脂肪燃焼効果があり、ハーブティーとして飲用するのがおすすめ。カフェインを含むので、夕食後に飲む場合は控えめに。

③肩こり、腰痛

・原因：慢性的な筋肉の疲労
同じ姿勢で長時間作業をしたり、OA 機器の長い使用が肩こりや腰痛につながる。

肩こり、腰痛におすすめのハーブ

◆ジャーマンカモミール：
鎮痙作用、鎮静・消炎作用に加え、血流の悪化を緩和するので、温湿布によい。

◆ペパーミント：
メントールの鎮痙作用が効果を発揮し、温湿布によい。

◆ハイビスカス：

代謝を促進するクエン酸などの植物酸を多く含み、筋肉の疲労回復が期待できる。ハーブティーに適している。

> **レシピ** 筋肉疲労回復ティー（美肌や眼精疲労にも）
>
> 材　料＊ハイビスカス…約2 g
> 　　　　ローズヒップ…約2 g
> 　　　　熱湯…180ml
> 手　順＊分量のハーブを熱湯で約3分間抽出する。カップに注いで温かいうちに飲用する。
> 　　　★代謝を促進するハイビスカスと、ストレス時に消耗されるビタミンCを補給するローズヒップのブレンド。夏バテにも最適なブレンド。

④目の疲れ

・原因：長時間のパソコン使用など

パソコンやスマホなどで、目の疲れを訴える人が急増している。頭痛や肩こりにもつながるので、早めに対処したい。

🌿目の疲れにおすすめのハーブ

◆ウスベニアオイ：

アントシアニン色素が目の疲れを回復させるのを助ける。ハーブティーにして飲用。

◆ジャーマンカモミール：

消炎作用があり、目の充血やかゆみをラクにする。冷湿布で外側からケアすると、目を直接冷やすことで相乗効果が得られる。

⑤ 風邪、インフルエンザ

・原因：免疫力低下によるウイルス感染

・症状：発熱、鼻水、のどの痛みなど

風邪やインフルエンザは、ウイルス感染から発症する。病院で処方される抗生物質は、細菌に対しては有効だが、ウイルスへの効果は期待できない。メディカルハーブには、風邪やインフルエンザ対策に用いられるものもある。

🌿 風邪、インフルエンザにおすすめのハーブ
◆エキナセア：
免疫力を高める効果に加え、ウイルス対策にも効果が期待できる。ハーブティーにして飲用。
◆エルダーフラワー：
「インフルエンザの特効薬」として知られ、風邪の諸症状に広く用いられる。ハーブティーにして飲用。
◆ウスベニアオイ：
粘液質が喉の痛みにやさしく作用する。ハーブティーにして飲用。

※カップの湯気を鼻や口にあてる蒸気吸入を行うと、カタル症状や炎症を起こしている箇所に、成分を直接作用させることができる。

⑥慢性疲労
体と心に元気を取り戻す方法は、毎日続けられるものであることも重要。強壮作用のあるハーブを日々の生活に取り入れるとよい。活力の源ととなる肝臓をケアして、心身のバイタリティーを回復させるのもポイント。

🌿 慢性疲労におすすめのハーブ
◆ダンディライオン：
強肝・利胆作用のあるダンディライオンは、滋養強壮にも効果的。ダンディライオンの根をローストしたハーブティーがおすすめ。牛乳と

151

も相性がよく、ミルクティーにするとおいしく飲める。

◆マテ：

南米で強壮作用のあるハーブとして知られ、アルカロイドによるカフェイン効果と、心身を元気づける効果がある。南米では、マテ茶にミルクを使ったものを「コシード」、マテ茶を冷やしたものを「テレレ」と呼び、日常的に飲まれている。

レシピ ダンディライオンのミルクティー

材　料＊ダンディライオン…約3g
　　　　水…60ml
　　　　牛乳…約140ml
手　順＊①熱湯の入った鍋へ分量のハーブを入れ、約10分間抽出する。
　　　　②牛乳を加えて弱火で再加熱し、沸騰する直前に火を止める。
　　　　④茶こしでハーブをこしてカップに注ぐ。温かいうちに飲用する。
　　　　★ダンディライオンの代わりにマテを使用する場合も、同様に。

---

⑦ 二日酔い

・原因：体内のアルコールが代謝されず残っている
・症状：吐き気、頭痛、だるさなど

吐き気などの不快な症状には、体内に残ったアルコールの排出を助けるメディカルハーブが役立つ。

二日酔いにおすすめのハーブ

◆ペパーミント：

吐き気などの症状に、さわやかな香りが効果を発揮し、リフレッシュさせてくれる。ハーブティーのほか、全身浴もおすすめ。

◆ダンディライオン：

肝臓の機能を高めてアルコールの排出を促す。ハーブティーとして飲

用。解毒作用がある。水分補給もかねて、ハーブティーを多めに飲用すると効果的。

◆ローズヒップ：
レモンの 20 ～ 40 倍も含まれる天然のビタミンＣが、肝臓の機能を高めてアルコールの分解、解毒を促進する。ハーブティーとして、飲む直前に乳鉢などで細かくつぶして約 5 分間抽出して飲用。

⑧ 外傷

小さな傷、ひびわれや軽傷のやけどには、鎮痛作用のあるメディカルハーブを活用することができる。ただし、大きな外傷の場合は、すぐに病院で手当てを受けること。

🐾 外傷におすすめのハーブ
◆セントジョンズワート：
軟膏が適している。鎮痛作用により、傷の痛みを和らげる。セントジョンズワートの浸出油は、そのままでやけどに用いることができる。
◆エキナセア：
北米の先住民が古くから使用していたハーブ。感染症の予防と創傷治癒作用が期待できる。
◆ローズヒップ：
ビタミンＣの補給でコラーゲン生成を促し、傷の治癒に用いられる。軟膏とハーブティーを併用するとよい。エキナセアとローズヒップのブレンドティーもおすすめ。

⑨ スポーツ前の集中力・持久力アップ

運動で消費されるエネルギーの素である糖質を補うことは、スポーツの常識となっている。糖質のエネルギー代謝を助けるハーブなどを上手に活用するとよい。

☙ スポーツ前におすすめのハーブ

◆ハイビスカス、ローズヒップ：

ハイビスカスティーは、糖質のエネルギー代謝を活発にする手助けとなる天然のスポーツ飲料。ローズヒップを加えたブレンドティーをスポーツ前に飲めば、運動で消費するビタミンCの補給ができる。

◆マテ：

集中力を高めたい時は、マテに豊富に含まれるカフェインが効果的。スポーツ前にハーブティーにして飲用するとよい。

レシピ スポーツ前の集中力を高めるティー

材　料＊マテ…約3g
　　　　熱湯…180ml
手　順＊分量のハーブを熱湯で約3分間抽出する。カップに注いで温かいうちに飲用する。
　　　★カフェインが苦手な場合は、水出しティーにするとカフェインの溶出が抑えられる。さわやかな味で、ミネラル成分もしっかり補うことができる。

---

⑩ 口臭予防

・原因：口の中の炎症、手入れ不足、食事

市販の口腔洗浄剤は刺激が強いので、代わりに濃いめのハーブティーを使用するとよい。飲み込んでも安心のマウスウォッシュができる。

☙ 口臭予防におすすめのハーブ

◆ラズベリーリーフ、ペパーミント：

ラズベリーリーフはマウスウォッシュによく使われる。収れん作用が、口内炎、歯肉炎など口臭の元になる症状をやわらげるのを助け、フランボワーズのほのかな香りも楽しめる。清涼感のあるペパーミントを加えてもよい。

> レシピ　マウスウォッシュ
>
> 材　料＊ラズベリーリーフ…約5ｇ
> 　　　　ペパーミント…約5ｇ
> 　　　　熱湯…300ml
> 手　順＊ラズベリーリーフとペパーミントを細かくして熱湯で5分間以
> 　　　　上抽出し、やや濃いめの浸剤を作る。それを冷蔵庫で冷やし、適
> 　　　　量をマウスウォッシュとして使用する。

6. その他の活用方法

① 部屋の消臭

部屋にこもった不快なにおいを早く消すには、芳香浴と同じように
ハーブにお湯を注ぎ、湯気を部屋に行き渡らせる方法がおすすめ。来
客前にもよい。

消臭剤として常時使いたい場合は、細かくしたドライハーブを容器に
入れて部屋に置いたり、ホウルをそのまま玄関、靴箱、トイレやタン
スなどに置くこともできる。

部屋の消臭におすすめのハーブ

◆ペパーミント：

殺菌作用や消毒作用があり、デオドラント効果や防虫効果にすぐれて
いる。精油の特徴成分である ℓ - メントール が含まれ、さわやかな香
りは台所やトイレの消臭、掃除にも活躍。

②ペットのケア

犬や猫の食べ物に少量のハーブパウダーやチンキを混ぜると、ペット
の健康維持に役立つ。最近はペット向けのハーブを使ったフードやサ
プリメント、スキンケア商品もある。動物医療における植物療法の研

究も進められている。

🐾 ペットケアにおすすめのハーブ
◆ネトル：
解毒作用があり、アレルギーの改善を助ける。湿疹など皮膚トラブルにも活用できる。
◆ペパーミント：
ペパーミントのパウダーを散歩前のペットの毛に少量振りかけておくと、ダニやノミ除けになり、消臭にも役立つ。

> レシピ 犬用ノミよけバンダナ（首輪）
>
> 材　料＊ペニーロイヤル（またはユーカリやタイム）…約10ｇ
> 　　　　犬の首サイズに合わせた布（またはハンカチ）…1枚
> 作り方＊ドライハーブがこぼれ出さないように布に包み、きつくならない程度に犬の首に巻きつける。
> 　　　　★愛犬のウエアとして色や柄も楽しめる。

症状別サポートハーブ

	ウスベニアオイ	ハイビスカス	リンデン	ネトル	セントジョンズワート	エキナセア	ジャーマンカモミール	ダンディライオン	マルベリー	ペパーミント	パッションフラワー	ラズベリーリーフ	ローズヒップ	マテ	エルダーフラワー
胃腸の不調			○				○			○					
花粉症				○				○		○					○
月経前症候群（PMS）					○			○				○			
ダイエット								○						○	
シミ・色素沈着の予防				○			○						○		
シワ・たるみの予防	○		○				○					○	○		
肌荒れ	○		○				○								
冷え症			○				○								○
肩こり・腰痛		○					○			○					
風邪・インフルエンザ	○		○			○							○		○
アトピー性皮膚炎・湿疹				○									○		
外　傷					○	○							○		
便秘解消		○						○		○			○		
二日酔い		○						○		○			○		
スポーツ後の集中力・持久力		○								○			○	○	
不眠・抑うつ			○		○					○	○				
不安・緊張			○				○				○				
目の疲れ	○	○					○						○		
強　壮								○						○	
口臭予防										○		○			
部屋の消臭										○		○			
ペットのケア				○						○					
のどの痛み・カタル症状	○		○				○						○		
高血圧症			○												
糖尿病				○				○	○						
肝胆系の不調								○							
リウマチ				○	○			○							
痛　風				○											
尿道炎	○					○									
貧　血				○					○					○	
出産前												○			
催　乳								○				○			

※第4章で取り上げた22症状に、10症状を加えています。

Check Test（メディカルハーブで心身を癒す1）

下記の質問に○か×で答えなさい。

1．温湿布用のペパーミントは、熱湯で成分を3分間抽出させる。（　　）

2．お腹のガスを出すために、駆風作用があるジャーマンカモミールの
　　ティーを飲んだ。（　　）

3．下痢と便秘を繰り返す過敏性腸症候群には、鎮痙作用のあるペパーミ
　　ントが適している。（　　）

4．胃の不快感には、食後にジャーマンカモミールのティーがよい。（　　）

5．風邪の引きはじめには、リンデンの体を温める作用で発汗を促すとよ
　　い。（　　）

6．のどが痛い時、マルベリーのティーを飲むのが適している。（　　）

7．花粉症の鼻づまりには、ペパーミントの蒸気吸入を行うとよい。（　　）

8．血圧が高い時は、ネトルのティーが適している。（　　）

9．マルベリーは血糖値を抑える働きがあることから、糖尿病に用いられ
　　る。（　　）

10．擦り傷には、セントジョンズワートの軟膏を塗るとよい。（　　）

解答・解説

1. × 温湿布用には、熱湯でハーブを10分間抽出させる。

2. ○

3. ○

4. × 胃の不快感には、ジャーマンカモミールのティーを食間や就寝前
   などの空腹時に飲む。

5. ○

6. × のどの痛みにはウスベニアオイやリンデンの豊富な粘液質が有効。

7. ○

8. × 血圧が高い場合、リンデンのティーが適している。

9. ○

10. ○

Check Test（メディカルハーブで心身を癒す 2）

下記の質問に○か×で答えなさい。

1. 軟膏を作るため、浸出油 100ml とミツロウ 5 g を湯煎にかけた。（　　）

2. 肩と腰が疲れている場合、ハイビスカスのティーを飲み、ペパーミントの温湿布をすることで効果が期待できる。（　　）

3. 眼精疲労には、ウスベニアオイのティーと、マテの冷湿布がよい。（　　）

4. 二日酔いには、ダンディライオンとローズヒップのティーを飲むと、体内のアルコールの排出が促される。（　　）

5. 二日酔いの時、気分をリフレッシュさせるためにペパーミントを湯船に入れて全身浴をするとよい。（　　）

6. 生理前の気分の落ち込みには、セントジョンズワートのティーを飲むとよい。（　　）

7. ラズベリーリーフのティーは、妊娠初期に飲むのが適している。（　　）

8. 母乳がよく出るように、マルベリーのティーを飲むとよい。（　　）

9. 吹き出物には、ジャーマンカモミールとマテのブレンドティーがおすすめ。（　　）

10. 肌荒れには、解毒作用のあるダンディライオンのティーがよい。（　　）

解答・解説

1．× 軟膏を作る際の、浸出油とミツロウの分量の割合はおよそ5対1。

2．○

3．× 眼精疲労には、ジャーマンカモミールの冷湿布が効果的。

4．○

5．○

6．○

7．× ラズベリーリーフのティーは、妊娠後期に飲む。

8．× 母乳の出をよくするには、ダンディライオンなどがよい。

9．× 吹き出物には、ジャーマンカモミールとローズヒップなどのブレ
　　　 ンドがおすすめ。

10．○

Check Test（メディカルハーブで心身を癒す 3）

下記の質問に○か×で答えなさい。

1. シミや色素沈着の予防には、ハイビスカスの外用チンキがよい。（　　）

2. フェイスパックには、クレイの一種であるカオリンを使用する。（　　）

3. リンデンとウスベニアオイには収れん作用があるので、シワ予防としてフェイシャルスチームに使用するとよい。（　　）

4. ダイエット中の人は、マルベリーのティーを食後に飲むとよい。（　　）

5. 寝つきが悪い場合、リンデンの芳香浴でリラックス効果が期待できる。（　　）

6. スポーツ前の集中力と持久力アップには、ハイビスカス、ローズヒップのティーが適している。（　　）

7. 口臭予防には、ローズヒップとペパーミントのマウスウォッシュを使用するとよい。（　　）

8. ペパーミントにお湯を注げば、部屋の消臭に使える。（　　）

9. ペットのケアには、ネトルやペパーミントのチンキやパウダーが有効である。（　　）

10. ハーブティーをブレンドする目的は、有効成分同士の相乗作用を得るためと、飲みやすくするためである。（　　）

解答・解説

1. × シミや色素沈着の予防には、美白・整肌作用のあるジャーマンカモミールやマルベリーなどが外用チンキに用いられる。

2. ◯

3. ◯

4. × マルベリーのティーを食前に飲むことで、DNJ による糖吸収を抑制する効果を高めることができる。

5. ◯

6. ◯

7. × 口臭予防には、ラズベリーリーフとペパーミントとのマウスウォッシュが効果的。

8. ◯

9. ◯

10. ◯

実践！ハーバルケア：Cさんのケース

ペットケアにもハーブを

　ペットを飼っていますが、老犬になり、毛の色が薄くなったりつやがなくなったりし、おまけに臭いも気になっていました。そこでネトルのハーブを餌に混ぜるようにしたところ、元気を取り戻したようで、以前より活発な動きをするようになったと感じます。

　また、私はカフェで仕事をしており、最近ではハーブを使ったクッキーのメニュー作りを任されるようになったことから、仕事にいっそうやりがいを感じています。栄養管理士の資格も活かして、いずれは自分で小さなお店を持てるようになりたいと考えています。

第5章

メディカルハーブの歴史と
これからの医療

ハーブの心地よい香りは、疲れた体と心に安らぎを与え
てくれます。はるか昔から、人々は植物が持つ癒しの力を
病気の予防や治療に役立ててきました。その歴史をたど
りつつ、メディカルハーブの今後の展望を学びましょう。

メディカルハーブの歴史

学習のポイント ●世界の歴史とメディカルハーブの関係を学ぶ
●現代における医学の現状とメディカルハーブの可能性を知る

1. 古代の人々とハーブ

①民間療法としてのハーブ

人類が火を使い始めた紀元前2万年頃から、人は病気になると身のまわりの薬草で自らを癒し、手当てをしてきた。この薬草を食べると元気が出る、あの薬草を塗ると痛みが薄れるといったことが口伝され、民間療法として用いられたり、儀式などで呪術的に利用されたりした。

②古代文明の発祥地とメディカルハーブ

🌿 古代エジプト

パピルスの文書（エーベルス・パピルス）（紀元前1700年頃）には、アロエ、ジュニパー、ガーリックなど約700種類のハーブが記録され、うがい薬や湿布などに使われていたという記録がある。

🌿 古代インド（紀元前1000年頃）

インドの伝統医学として知られるのがアーユルヴェーダ。人の体質を3つのタイプに分類し、そのバランスをとることで健康を維持する考え方。書物『リグ・ヴェーダ』には数百の薬草が記されている。

🌿 アラビア語圏

ユナニ医学が発達。

🌿 中国

中医学が発達。陰陽論と五行論を基本とし、体を作る3つの要素は「気血水」であると考えた。

3大伝統医学

アーユルヴェーダ、ユナニ医学、中医学は世界の3大伝統医学と呼ばれる。どの医学も、人が本来持っている自然治癒力に働きかける。

③古代インドの医学

アーユルヴェーダはインドのインダス川流域で生まれた。紀元前1000年頃にまとめられたアーユルヴェーダの書物には、数百種類の薬用植物がおさめられている。

アーユルヴェーダでは、人間の体質や性格などを構成する基本的な要素をヴァータ、ピッタ、カパの3つのタイプに大別。人の体が健康状態にある時、この3要素からなるドーシャのバランスが取れているが、このバランスが崩れると体は不調を訴え、様々な病気を引き起こすと考える。

④古代ギリシャの医学

古代ギリシャ時代になると、薬草による治療が次第に体系化され、医学の色彩を帯びてくる。

ヒポクラテス（紀元前400年頃）

「医学の祖（父）」と呼ばれた古代ギリシャの医師。

経験や観察を重視して科学的な医学を確立。「体液病理説」を唱え、400種類のハーブを処方としてまとめた。体液病理説とは、人間の体には、血液、黒胆汁、黄胆汁、粘液の4種類の体液が流れていて、そのバランスが壊れた時、病気になるという説。

⑤古代中国の医学

陰陽五行説

この世に存在するあらゆるものは陰と陽からなり、陰と陽は常に成長・変化を繰り返し、互いに関係している（陰陽説）。また、宇宙

を構成するすべては木、火、土、金、水の5つの性質に分類される（五行説）。中医学では、陰陽五行のバランスによって、体質や病因を判断する。

🌿 『神農本草経』（300年頃）
漢代における中国最古の薬物書。後の漢方の基礎となった。

⑥古代ローマ時代に活躍した医師

🌿 ディオスコリデス（60年頃）
ローマ皇帝ネロの従軍医。
約600種類の薬効のある植物を分類し、『薬物誌』（マテリア・メディカ）を著す。16世紀までの長い間、医学の基本的な参考書とされた。『薬草誌』には、たとえば没薬（ミルラ）の歯茎の強壮作用や催眠効果、ジュニパーの利尿作用など、薬草の効能が記されている。

🌿 ガレノス（180年頃）
ローマの医師。
500種類以上のハーブで水薬を作った。ヒポクラテスを師として崇め、彼が考案したハーブの調製法は「ガレノス製剤」として今に伝えられている。また、コールドクリーム（植物油などの油性成分と水を混ぜて作ったもの）を最初に作ったことでも知られている。
（※「メディカルハーブの歴史年表①」p172参照）

⑦中世から近世のヨーロッパ

＜10世紀頃の植物療法＞
🌿 アビケンナ（イブン・シーナ）（10世紀）
ペルシアの医師、科学者、哲学者
錬金術の過程の一部にバラを用いたところ、精油とバラ水が取れることを発見。これにより、植物から精油を抽出する蒸留法を確立。現在のアロマテラピーの基礎となっている。

＜ 15 〜 17 世紀半ばの植物療法＞

コロンブスによる新大陸の発見、ヴァスコ・ダ・ガマのインド航路の開発で知られる大航海時代が訪れる。ポルトガルやスペインの船がヨーロッパ、新大陸、東洋などを往来し、多くのスパイスやハーブがヨーロッパに持ち込まれた。植物療法はそれらを利用することでさらなる発展を遂げる。たとえばエキナセアというハーブは、この時代、ほかの多くのハーブとともに新大陸からヨーロッパへ持ち込まれた。

🌿 イギリスにおけるハーバリストとの活躍

　ターナー、カルペッパー、ジェラード、パーキンソンなど、ハーバリストたちが植物療法の専門家として広く活躍。

（※「メディカルハーブの歴史年表②」p173 参照）

2. 近代薬学の誕生、そして統合医療へ

①植物療法から近代医学へ

19 世紀初頭までは、医学の中心は植物療法だったが、やがて植物から有効分を取り出し、医薬品が作られるようになり、医療の発展に貢献。それまでの伝統医学は次第に衰退していった。

＜ 19 世紀＞

🌿 サリシン分離

　1830 年頃、フランスの薬学者が、セイヨウシロヤナギやメドースイート（セイヨウナツユキソウ）から、抗炎症作用や鎮痛作用があるサリシンという有効成分を分離。

🌿 コカイン抽出

　1860 年頃、コカの葉よりコカインを抽出。

🌿 アスピリン合成

　1899 年、サリシンからアスピリン（アセチルサリチル酸）が化学的に合成される。

169

特定病因論

19世紀後半、細菌学者の活躍により「特定病因論」という考え方が定着。これは、特定の病気は、特定の病原菌が原因という考え方。

コッホ

細菌学者。コレラ菌を発見。また、ツベルクリンを発明。

パスツール

細菌学者。狂犬病のワクチンを発明。

＜20世紀＞

抗生物質であるペニシリンが誕生。

医薬品は病原菌を狙い撃ちするとして「魔法の弾丸」と呼ばれた。

（※「メディカルハーブの歴史年表③」p174参照）

②近代医学への疑問

20世紀になり、近代医学が世界の医療の主流になるが、やがて、合成された医薬品の副作用や薬害問題、手術などによる治療の限界に直面。また、工業排水などによる環境汚染が社会問題化したことも、科学一辺倒の考え方に疑問を呈する要因となった。

現代人が罹患する病気の種類や、医療のあり方も変化している。「うつる病気」である伝染病、感染症が減少し、生活習慣の偏りや様々なストレスにより、「つくる病気」といわれる生活習慣病や心身症が増加。治療よりも予防、部分よりも全体の調和が見直されはじめる。

薬の副作用

抗マラリア薬のクロロキンによるクロロキン網膜症やペニシリンに対するアレルギー反応、抗生物質や風邪薬などによるスティーブンス・ジョンソン症候群（皮膚粘膜眼症候群）など。

薬害

不眠症やつわり止めなどに使用された鎮静睡眠薬のサリドマイドによる先天性欠損症や、血液凝固因子製剤（非加熱製剤）による薬害エイズや薬害C型肝炎など。

③統合医療へ

統合医療（CAM：Complementary Alternative Medicine；補完代替医療）とは、植物療法などの代替療法と、近代医学が、互いの長所を生かすことにより、健康維持や治療に取り組むこと。

代替療法は、患者の生活習慣や体質、心までを含めたトータルなケアで、慢性的な疾患や心身の不調を改善に導く。

一方、近代医療は、医薬品による治療、放射線や手術による治療を行う。臓器や筋肉組織などの損傷、レントゲンや内視鏡検査などでわかる疾患、外傷への対応や緊急時の救急医療などを得意とする。

近代医学と代替療法の長所と短所を見極め、必要に応じて賢く使い分けたり、併用したりすることが大切である。

また、健康管理は自己責任のもとに行い、病院に行くまでもないような不調は自分で手当てを行う「セルフメディケーション」も推進されている。そうした流れの中で、メディカルハーブは大きな役割を果たすものの一つとなりうる。

❀ メディカルハーブの歴史年表①

古代ギリシャ・ローマ時代				
年　代	国・地域	人　物	書　物	ポイントとキーワード
紀元前 1700年頃	古代エジプト		パピルスの文書 『エーベルス・パ ピルス』	パピルスの文書にはアロエなど 約700種類のハーブが記載されて いる。 ハーブがうがい薬や湿布などに 使用される。
紀元前 1000年頃	インド		『リグ・ヴェーダ』	『リグ・ヴェーダ』とは、数百種類 の薬用植物が記載されている アーユルヴェーダの書物。
紀元前 400年頃	古代ギリシャ	ヒポクラテス （医師）	『ヒポクラテス全 集』（後世の編纂）	ヒポクラテスは「医学の祖」と呼 ばれ、約400種の薬草を処方し、 「体液病理説」『ヒポクラテス全 集』として体系化した。
紀元前 373頃〜287頃		テオフラストス	『植物誌』	テオフラストスは「植物学の祖」 と呼ばれた。
1世紀頃	古代ローマ	ディオスコリデ ス （医師）	『薬物誌（マテリ ア・メディカ）』	ディオスコリデスは「薬学の祖」 とも呼ばれた。『薬物誌』には約 600種類の薬効のある植物が記載 され、ヨーロッパでは16世紀まで 薬のバイブル的存在として活用 されていた。
180年頃		ガレノス （医師）		ガレノスは500種類以上のハーブ で水薬を作るコールドクリーム 製剤法を考案した。
300年頃	漢代の中国	陶弘景 （医学者、科学者）	・『神農本草経』 ・陶弘景により 『神農本草経集 注』が再編纂され る（5世紀末）	『神農本草経』は中国最古の薬物 書で、漢方の基本となった本草 書。中国ではほかにも陰陽五行論 をベースにまとめられた『黄帝内 径』などの医学書がある（BC50年 頃）。

Point ! ・BC400年頃、古代ギリシャの医師ヒポクラテスにより、薬草治療が体系化され、医学の色彩を帯び始めた。
　　　　・古代中国では、陰陽と五行のバランスで体質や病因を判断する陰陽五行論という伝統医学が独自に発達。

172

メディカルハーブの歴史年表②

中世〜近世のヨーロッパ				
年　代	国・地域	人　物	書　物	ポイントとキーワード
10世紀	ペルシア	アビケンナ（イブン・シーナ）（医師、哲学者）	『カノン（医学典範）』	アビケンナは錬金術の技術から蒸留方法を確立。植物から精油を蒸留し、現代のアロマテラピーの基礎となった。
15〜17世紀半ば	イタリア	コロンブス（探検家、航海者）		コロンブスは新大陸を発見。主にスペインで活躍した。
	ポルトガル	ヴァスコ・ダ・ガマ（航海者、探検家）		ヴァスコ・ダ・ガマはインド航路を発見。多くのスパイスやハーブがヨーロッパに持ち込まれる（コロンブスの活躍も同様）。
大航海時代（発明の時代）	イギリス	ウィリアム・ターナー（医師、ハーバリスト）		ウィリアム・ターナーはイギリスの植物学の父。薬用植物を熱性、冷性、乾性、湿性に分類。
		ジョン・ジェラード（植物学者、ハーバリスト）	『本草あるいは一般の植物誌』（1597年刊）	ジョン・ジェラードは、ロンドンのホルボーンに植物園を作った。また、ケンブリッジ大学に植物園の設立を提案した。
		ジョン・パーキンソン（博物学者、ハーバリスト）	『広範囲の本草学書』（1640年刊）	ジョン・パーキンソンはチャールズⅠ世に仕え、3800の植物について記述した。
		ニコラス・カルペッパー（医師、ハーバリスト）	『the English Physician』（1616年刊）	ニコラス・カルペッパーは、369種類の植物の特性や用途について記述し、セルフメディケーションを唱えた。薬草やハーブに関する知識のほかに、占星術に関する知識も深かった。

Point！・15〜17世紀半ば、主にイギリスでハーバリストたちが植物療法の専門家として広く活躍した。

173

🌸 メディカルハーブの歴史年表③

近 代 〜 現 代（近代薬学の台頭）		
年　代	人物・国	ポイントとキーワード
1827年、 1830年	ルル （フランス）	ルルによってセイヨウシロヤナギやメドースイート（セイヨウナツユキソウ）からサリシンが分離される。
1860年	アルベルト・ニーマン （ドイツ）	アルベルト・ニーマンによって、コカの葉からコカインが単離抽出され、強力な局所麻酔薬としての効果が確認される（1859年という説も）。
1880年	パスツール （フランス）	パスツールが狂犬病のワクチンを開発。コッホと共に近代細菌学の開祖とされる。
1882, 83年、 1890年	コッホ （ドイツ）	コッホが結核菌やコレラ菌を発見した。 ツベルクリンの創製でも知られる。
1883年	日本	明治の帝国議会で医師免許法が成立し、漢方医は除外される。
1897年	フェリックス・ホフマン （ドイツ）	フェリックス・ホフマンが純度の高いアセチルサリチル酸の合成に成功する。
1899年	バイエル社 （ドイツ）	サリシンからアスピリン（アセチルサリチル酸）が化学的に合成され、「アスピリン」として売り出される。
1926年	日本	漢方薬が復活する。
1929年	アレクサンダー・フレミング （イギリス）	アレクサンダー・フレミングによって世界初の抗生物質としてペニシリンが発見される。
1942年	アンドルー・ワイル （アメリカ）	アンドルー・ワイルが、自然治癒力をひきだす「統合医療」を提唱する。
1999年	日本	メディカルハーブ広報センターが設立される。
2006年		特定非営利活動法人日本メディカルハーブ協会が設立される。

Point !・「特定病因論」の定着により、20世紀になると抗生物質が登場し、医学は医薬品を使用する近代医学に移行。
当時「魔法の弾丸」と呼ばれた医薬品が隆盛し、伝統医学は次第に衰退していった。

第5章 メディカルハーブの歴史とこれからの医療

Check Test（メディカルハーブの歴史とこれから）

下記の質問に○か×で答えなさい。

1．ヒポクラテスの体液病理説では、人の体には、血液、黒胆汁、黄胆汁の３種類の体液が流れているとした。（　　）

2．中国の伝統医学でいう五行とは木・火・土・金・月を示す。（　　）

3．医師ディオスコリデスが１世紀頃に著した『薬物誌』は、16 世紀までの長い間、薬のバイブル的存在だった。（　　）

4．漢代の中国では最古の薬物書『神農本草経』がまとめられた。（　　）

5．15 〜 17 世紀半ばの大航海時代に、多くのスパイスやハーブがヨーロッパに持ち込まれ、エキナセアもその一つである。（　　）

6．1827 年頃、セイヨウシロヤナギやメドースイートからアスピリンという有効成分が分離された。

7．パスツールは、コレラ菌を発見した。

8．19 世紀後半、「特定病因論」という考え方が定着した。

9．医薬品は「魔法の薬」と呼ばれた。

10．統合医療は、近代医療と代替療法の長所を生かし、短所を補うものである。

解答・解説

1．× ヒポクラテスの体液病理説では、血液、黒胆汁、黄胆汁、粘液の
4種類の体液が流れているとした。

2．× 中医学の五行は、木・火・土・金・水を示す。

3．○

4．○

5．○

6．× セイヨウシロヤナギやメドースイートからサリシンが分離され、
アスピリンが化学的に合成された。

7．× パスツールは狂犬病のワクチンを発明。コレラ菌の発見はコッホ。

8．○

9．× 医薬品は、病原菌を狙い撃ちするという意味で「魔法の弾丸」と
呼ばれた。

10．○

❧ 参考文献

- ・『アロマテラピー検定公式テキスト 1、2 級』（公益社団法人 日本アロマ環境協会）
- ・『アロマテラピー用語辞典』（公益社団法人 日本アロマ環境協会）
- ・『ハーバリストのための薬用ハーブの化学』（アンドリュー・ペンゲリー著、飯嶋慶子訳、三上杏平監修、フレグランスジャーナル社）
- ・『ハーブ学名語源辞典』（大槻真一郎著、尾崎由紀子著、東京堂出版）
- ・『メディカルハーブの事典――主要 100 種の基本データ』（林真一郎編、東京堂出版）
- ・『メディカルハーブ安全性ハンドブック』（メディカルハーブ広報センター監修、マイケル・マクガフィン、クリストファー・ホッブス、ロイ・アプトン、アリシア・ゴールドバーグ編、林真一郎、渡辺肇子、若松英輔訳、東京堂出版）
- ・『専門医が教える体にやさしいハーブ生活』（橋口玲子著、幻冬舎）
- ・『特定非営利活動法人日本メディカルハーブ協会認定 メディカルハーブ検定テキスト公式テキスト』（日本メディカルハーブ協会検定委員会著、池田書店）
- ・『超薬アスピリン――スーパードラッグへの道』（平澤正夫著、平凡社）
- ・『基礎からよくわかるメディカルハーブ LESSON』（林真一郎著、主婦の友社）
- ・『ハーブの科学』（陽川昌範著、養賢堂）
- ・『植物はすごい――生き残りをかけたしくみと工夫』（田中修著、中央公論新社）
- ・『修道院の薬箱――70 種類の薬用ハーブと症状別レシピ集』（ヨハネス・G・マイヤーほか著、畑澤裕子訳、フレグランスジャーナル社）
- ・『メディカルハーブ――薬用ハーブ完全図解ガイド』（ペネラピ・オディ著、英国ハーブソサエティー編、日本ヴォーグ社）

メディカルハーブ検定
模擬テスト1～3

＊ 1～3の各回とも制限時間は70分です。

＊ 60問中、50問の正解を目指しましょう。

模擬テスト1

60問／70分　　目標正答数 50問

解答・解説 197 ページ

1. 次の用語とその意味の組み合わせで、誤っているものを選びなさい。

①駆風作用　―　腸内にたまったガスを排出する作用

②緩下作用　―　緊張を和らげる作用

③創傷治癒作用　―　傷を治す作用

④鎮痙作用　―　筋肉の緊張を和らげる作用

⑤免疫賦活作用　―　免疫の働きを活性化させる作用

2. 次のハーブとそのハーブに含まれる主要成分名の組み合わせで、誤っているものを選びなさい。

①ジャーマンカモミール　―　カマズレン

②マテ　―　カフェイン

③ダンディライオン　―　イヌリン

④マルベリー　―　デオキシノジリマイシン（DNJ）

⑤ラズベリーリーフ　―　ペクチン

3. 西暦 180 年頃のローマの医師で、500 種類以上のハーブを使い、数多くの水薬を作った人物を次の中から選びなさい。

①ガレノス

②アビケンナ

③ヒポクラテス

④ターナー

⑤ディオスコリデス

180

4. 次の症状とそれらに対するおすすめのレシピの組み合わせで、誤っているものを選びなさい。

①不眠・抑うつ　―　セントジョンズワートのティー

②風邪・インフルエンザ　―　エルダーフラワーのティー

③月経前症候群（PMS）　―　ハイビスカスとローズヒップのティー

④便秘　―　ダンディライオンのティー

⑤胃腸の不調　―　ペパーミントパウダー

5. 次のうち、使用部位がすべて「葉部」であるハーブの組み合わせを選びなさい。

①ネトル　―　ローズヒップ　―　ラズベリーリーフ

②ダンディライオン　―　エキナセア　―　ペパーミント

③マテ　―　マルベリー　―　ウスベニアオイ

④エルダーフラワー　―　ジャーマンカモミール　―　ハイビスカス

⑤ネトル　―　ペパーミント　―　マテ

6. ハーブを利用する際の注意点として誤っているものを選びなさい。

①チンキは消毒効果のあるアルコールを使うので、漬け込み用のガラスビンや保存ビンを煮沸消毒する必要はない。

②蒸気吸入とフェイシャルスチーム中は、必ず目を閉じておく。

③ハーブティーを作る場合は、直前に使用する分のハーブのみを細かくカットする。

④ハーバルバスの場合は、ぬるめの温度（38 ～ 40℃）でゆっくり時間をかけて入浴する。

⑤ハーブパウダーは、作り置きせず、使用する直前に作る。

7. 「セイヨウオトギリソウ」という和名を持つハーブを次の中から選びな
さい。

①ペパーミント

②セントジョンズワート

③ローズヒップ

④マルベリー

⑤エキナセア

8. 次のハーブとその適応の組み合わせで、正しいものを選びなさい。

①ネトル　―　花粉症やアトピーなどのアレルギー疾患

②ダンディライオン　―　鎮静

③リンデン　―　肉体疲労

④マテ　―　皮膚炎

⑤ウスベニアオイ　―　月経痛

9. ハーブとその使用方法に関する説明について，次の中から誤っている
ものを選びなさい。

①ペパーミントは、ストレスからくる過敏性腸症候群による便秘に効
果が期待できる。腸の働きを調整する作用があり、温湿布でケアを
行う。

②ジャーマンカモミールは消炎作用にすぐれたハーブの代表格。鎮静
作用もあるので、ストレスが誘因になっている肌のトラブルに効果
が期待できる。

③ローズヒップには、コラーゲンの生成に欠かせないビタミンCがレ
モンの20～40倍も含まれており、熱湯でも壊れにくいという特性
も持っている。

④ウスベニアオイの青色色素は、目によいことが知られているアント
シアニン色素。ブルーベリーにも含まれるアントシアニン色素は、
体内に吸収されると、短時間のうちに目の疲れを回復に導く。

⑤体内のアルコールを排出させる働きのあるハーブとしては、消化機
能を高めて解毒を促進させる作用があるダンディライオンが、有効
なハーブの筆頭である。

10.　次の文にあてはまるハーブを選びなさい。

「このハーブは向精神性ハーブに分類されますが、作用が穏やかであるため安心して用いることができ、『植物性のトランキライザー（精神安定剤)』と呼ばれています」

①ローズヒップ

②セントジョンズワート

③エキナセア

④パッションフラワー

⑤ジャーマンカモミール

11.　次のハーブとそのハーブに含まれる主要成分名の組み合わせで、誤っているものを選びなさい。

①パッションフラワー　—　アルカロイド

②ローズヒップ　—　ビタミンＡ

③セントジョンズワート　—　ハイパーフォリン

④ペパーミント　—　ロスマリン酸

⑤ネトル　—　クロロフィル

12.　ハーブを購入する際の注意点として、誤っているものを次の中から選びなさい。

①信頼できる店で購入する。

②食品・雑貨として販売されているものを選ぶ。

③色と香りをチェックする。

④一度に大量に買わない。

⑤学名を確認の上、購入する。

13. 次の製剤の説明の中から、誤っているものを選びなさい。

①蒸気吸入とは、精油など揮発性の成分を熱湯で揮発させ、蒸気とともに吸い込む方法である。

②湿布には、温湿布と冷湿布がある。

③チンキとは、ハーブの有効成分をアルコールで抽出する方法である。

④浸出油の保存には完全に密封できるガラスビンを使用し、日の当たる温かい場所に保存する。

⑤ハーブティーでは、脂溶性成分を抽出することができない。

14. 次のうち、使用部位が「開花時の地上部」であるハーブを選びなさい。

①ウスベニアオイ

②ネトル

③ハイビスカス

④セントジョンズワート

⑤ペパーミント

15. 次のハーブの科名と使用部位の組み合わせで、誤っているものを選びなさい。

①ラズベリーリーフ ― バラ科 ― 葉部

②ハイビスカス ― アオイ科 ― 萼部

③マルベリー ― クワ科 ― 葉部

④エルダーフラワー ― レンプクソウ科 ― 花部

⑤パッションフラワー ― オトギリソウ科 ― 地上部の全草

16. 次の素材の中から、チンキを薄めて外用ローションを作る時などに使用される保湿作用にすぐれた基材を選びなさい。

①クレイ

②ミツロウ

③グリセリン

④アルコール

⑤植物油

184

17. 植物化学成分（フィトケミカル）に関する次の説明のうち、誤っているものを選びなさい。

①植物の色素成分であるフラボノイドは、鎮静、発汗、利尿、抗アレルギーなど多くの作用を持っている。

②マテに含まれるカフェインと、パッションフラワーのハルマンという物質は、どちらもアルカロイドのグループに分類されるが、前者は精神安定作用、後者は興奮作用を示す。

③ハーブの有効成分のグループのうち、ミネラルのグループだけは植物が作りだしたものではなく、根から吸い上げられた地中の成分であるが、ハーブの有効成分であることに間違いはない。

④タンニンという物質にはタンパク質を固める性質がある。

⑤苦味質を含むハーブには、健胃・強肝の作用がある。

18. ハーブ製剤に使う基材として、正しいものを選びなさい。

①クレイはケイ素を含む植物で、パック剤として使用される。

②ミツロウは軟膏を作る時などに使用し、植物の種子から抽出される。

③植物油は食用にもなり安全性が高いことから、マッサージに用いる際にも特にパッチテストの必要はない。

④ハーブの浸出油を作る際には、ミネラルウォーターを使用するとよく抽出される。

⑤無水エタノールの濃度は99.5％である。

19. ハーブ使用時の注意点として、誤っているものを選びなさい。

①器具の消毒は入念に行う。

②ハーブティーは作ったその日のうちに飲みきるようにする。

③妊娠中の女性は一切のハーブ使用を控える。

④小さな子ども、お年寄りは様子を見ながら使用する。

⑤葉や花、根など、個々のハーブの適切な使用部位のみを利用する。

20. 次の文にあてはまるハーブを選びなさい。

「このハーブの主要成分の一つであるデオキシノジリマイシン（DNJ）は、二糖類分解酵素であるα‐グルコシダーゼを阻害し、食後の血糖値の上昇を抑制します。このため糖尿病をはじめとする生活習慣病予防に役立ちます」

①ダンディライオン
②リンデン
③マルベリー
④ジャーマンカモミール
⑤エキナセア

21. 次の組み合わせのうち、誤ったものを選びなさい。

①自然療法　―　ホリスティック
②ヒポクラテス　―　特定病因論
③ディオスコリデス　―　薬物誌
④アビケンナ　―　錬金術
⑤サリシン　―　アスピリン

22. 欧米で「インフルエンザの特効薬」と呼ばれるハーブを次の中から選びなさい。

①エキナセア
②エルダーフラワー
③ジャーマンカモミール
④ペパーミント
⑤リンデン

186

23. 次の組み合わせのうち、正しいものを選びなさい。

①ウスベニアオイ ― カフェイン

②セントジョンズワート ― ヒビスシン

③ダンディライオン ― タラキサステロール

④ハイビスカス ― ハイパーフォリン

⑤パッションフラワー ― タンニン

24. タンニンを含むハーブを，次の中から選びなさい。

①ジャーマンカモミール

②ネトル

③マテ

④マルベリー

⑤ラズベリーリーフ

25. フラボノイドやクロロフィル、ビタミンやミネラルを豊富に含み、ドイツなどで「春季療法」に利用されるハーブは次のどれか。

①ジャーマンカモミール

②ネトル

③マテ

④マルベリー

⑤ラズベリーリーフ

26.「チャボトケイソウ」という和名を持つハーブを次の中から選びなさい。

①ウスベニアオイ

②エルダーフラワー

③セントジョンズワート

④ネトル

⑤パッションフラワー

27. 次のハーブの科名と使用部位の組み合わせで正しいものを選びなさい。

①エルダーフラワー ― シナノキ科 ― 花部

②ダンディライオン ― キク科 ― 花部

③ハイビスカス ― アオイ科 ― 花部

④マテ ― バラ科 ― 葉部

⑤マルベリー ― クワ科 ― 葉部

28. 高温でよく抽出される成分を次の中から選びなさい。

①タンニン

②粘液質

③糖類

④ビタミンC

⑤ビタミンB群

29. 夏至の日に収穫すると最も治癒力が強いといわれる「サンシャインサプリメント」を．次の中から選びなさい。

①ウスベニアオイ

②ジャーマンカモミール

③セントジョンズワート

④ダンディライオン

⑤ローズヒップ

30. わが国をはじめ、世界各地の伝統医学で、強肝、利胆、緩下、催乳を目的に幅広く活用されてきたハーブを次の中から選びなさい。

①エキナセア

②エルダーフラワー

③ジャーマンカモミール

④ダンディライオン

⑤パッションフラワー

31. 基剤の知識として誤っているものを次の中から選びなさい。

①外用チンキの希釈やパック剤などには精製水が適している。

②エタノールの濃度は 95.0 〜 95.5％である。

③ミツロウで軟膏を作る時、ミツロウ 1：浸出油 5 の割合がよい。

④無水エタノールの濃度は 76.8 〜 81.2％である。

⑤クレイはパック剤として使用する。

32. 世界の 3 大ティーに数えられているハーブを次の中から選びなさい。

①ジャーマンカモミール

②ダンディライオン

③ハイビスカス

④ペパーミント

⑤マテ

33. 次の中から誤っているものを選びなさい。

①ダンディライオンの学名は *Taraxacum officinale* である。

②軟膏は、密閉性の高い遮光ビンで 3 カ月程度は保存できる。

③消炎作用を期待してジャーマンカモミールティーを飲む場合は、空腹時の飲用が適している。

④ハーブティーを飲む際には、香りを楽しむアロマテラピーと同様の効果がある。

⑤マルベリーのカロリーカット効果を期待する場合、必ず食後に飲むようにする。

34.「ビタミン C の爆弾」と呼ばれ、一緒に含まれるフラボノイドによって緩下作用が期待されるハーブを次の中から選びなさい。

①エルダーフラワー

②ジャーマンカモミール

③ハイビスカス

④リンデン

⑤ローズヒップ

35. 消化器の機能を調整して不快な症状を鎮めたり、ストレスが原因での過敏性腸症候群にも用いられることのあるハーブを次の中から選びなさい。

①ウスベニアオイ
②エルダーフラワー
③ジャーマンカモミール
④ペパーミント
⑤リンデン

36. 次のうち、植物が自身では作り出せないものを選びなさい。

①フラボノイド
②アルカロイド
③ミネラル
④ビタミン
⑤粘液質

37. 次のうち、正しいものを選びなさい。

①ダンディライオンは、肝臓によいハーブの代表である。
②ハーブを購入する時、色や香りは必ずしも重要とは限らない。
③使用部位よりも、主な有効成分をしっかり確認して使用する。
④フラボノイドには発汗作用は含まれない。
⑤ハーブティーは作り置きをしても味や成分に変化は生じない。

38. ハーブティーについての記述で正しいものを選びなさい。

①ハーブティーは、ハーブの脂溶性成分を摂取できる剤型である。
②いずれのハーブティーも、胃への負担を軽くするため、食後に飲むのがよい。
③ハーブは細かくした状態で保存しておくのが便利でよい。
④一度になるべく多くの量を摂取した方が、高い効果を期待できる。
⑤ハーブティーは熱湯で入れるほか、水出しもできる。

39. 次の記述のうち、誤っているものを選びなさい。

①蒸気吸入やフェイシャルスチームは精油でもできるが、ハーブを使うと作用が穏やかなため、子どもや高齢者のケアにも利用できる。

②チンキには水溶性と脂溶性の両方の成分が含まれる。

③浸出油は脂溶性の成分を抽出したもので、約1年保存できる。

④軟膏は有効成分を長い時間皮膚につけて、ゆっくり作用させることができる。

⑤パウダーはそのまま飲む以外に、角質をこすり取るゴマージュにも利用できる。

40. 次のうち、クレイの作用でないものを選びなさい。

①吸収作用

②吸着作用

③収れん作用

④洗浄作用

⑤保湿作用

41. ハーブの安全性について、誤っているものを選びなさい。

①買う時は色と香りをチェックする。

②似た名称の植物があるので、学名を確認する。

③信頼できる店で購入し、特に外国の商品を購入する際には品質について慎重に確認する。

④ハーブは穏やかな作用が大きな特徴なので、子どもや高齢者にも問題なく使える。

⑤ガラス製の遮光ビンに入れ、ハーブの名前と購入日を書いたラベルを貼って保存する。

42. 次の組み合わせのうち、誤っているものを選びなさい。

①ジャーマンカモミール　―　アトピー性皮膚炎

②セントジョンズワート　―　外傷

③ハイビスカス　―　部屋の消臭

④マルベリー　―　美白

⑤リンデン　―　不眠

43. 次の組み合わせのうち、誤っているものを選びなさい。

①エルダーフラワー　―　口臭予防

②ジャーマンカモミール　―　目の疲れ

③ダンディライオン　―　二日酔い

④ペパーミント　―　ペットケア

⑤ローズヒップ　―　便秘

44. イヌリンを含むハーブを選びなさい。

①セントジョンズワート

②マテ

③ラズベリーリーフ

④ダンディライオン

⑤ハイビスカス

45. リンデンの主要成分ではないものは、次のうちどれか。

①ファルネソール

②タンニン

③カフェイン

④ティリロシド

⑤クロロゲン酸

46．次のハーブの和名で、誤った組み合わせを選びなさい。

①エルダーフラワー　—　セイヨウボダイジュ

②ジャーマンカモミール　—　カミツレ

③ラズベリーリーフ　—　ヨーロッパキイチゴ

④ペパーミント　—　セイヨウハッカ

⑤ネトル　—　セイヨウイラクサ

47．次の基剤の説明の中から、正しいものを選びなさい。

①エタノールは脂溶性成分のみを溶かす。

②ミツロウは軟膏の材料として使われる。

③植物油は、マカデミアナッツ油に、酸化防止の目的でグレープシード油を10％加えたものがよく使われる。

④グリセリンには収れん作用がある。

⑤クレイには保湿作用がある。

48．次のうち、間違っているものを選びなさい。

①ハーブの持つ魅力として、作用や効果の多様性があげられる。

②ハーブ製剤で使用するハーブ以外の材料を、基剤という。

③ハーブ製剤の保存ビンにはラベルを貼り、使用期限などを記入する。

④ハーブを購入する時、ドライハーブであっても色味を重要視する。

⑤ハーブティーはできるだけシングルで使用した方が効果的である。

49．セイヨウニワトコの使用部位を選びなさい。

①花部

②葉部

③花部、葉部

④根部

⑤萼部

50. メディカルハーブの歴史について、誤っているものを選びなさい。

①古代エジプト時代の紀元前 1700 年頃に書かれたパピルスの文書には、アロエなど約 700 種類のハーブが記録されていた。

②『リグ・ヴェーダ』がまとめられたのは紀元前 1000 年頃のインドである。

③ 1 世紀頃の古代ギリシアの医師、ディオスコリデスは、その著書『薬物誌』で約 600 種類の植物を取り上げている。

④ 10 世紀のペルシアの医師、イブン・シーナが植物から精油を蒸留した。

⑤エキナセアは、大航海時代に新大陸からヨーロッパへともたらされた。

51. ビタミン C を増強する植物化学成分を次の中から選びなさい。

①粘液質

②β - カロテン

③クエン酸

④ペクチン

⑤リコピン

52. 以下のハーブの使用法について、誤ったものを選びなさい。

①便秘にはペパーミントの温湿布がよい。

②ダイエットには脂肪燃焼効果が期待できるマテのハーブティーを飲むとよい。

③シミ・色素沈着の予防にはダンディライオンのフェイシャルスチームをするとよい。

④外傷にはエキナセアとローズヒップのハーブティーを飲むとよい。

⑤冷え性にはリンデンのチンキをお湯に入れて足浴をするとよい。

53. マテの科名を次の中から選びなさい。

①バラ科
②モチノキ科
③キク科
④スイカズラ科
⑤アオイ科

54. ハーブの安全な使用について、正しいものを選びなさい。

①ハーブは多く買った方が割安なので、一度に大量に買うとよい。
②チンキはエタノールを使うので、器具・容器の消毒はしなくてよい。
③余ったハーブティーは冷蔵庫に保管し、翌日飲んでもよい。
④ハーブの保存には、「密閉」・「遮光」・「冷暗」の各条件を守ることが
　重要である。
⑤買ってきたハーブはすぐにカットしておくと使う時に便利である。

55. ウスベニアオイと同じ科に属する植物を選びなさい。

①パッションフラワー
②ダンディライオン
③ハイビスカス
④ジャーマンカモミール
⑤エルダーフラワー

56. 次のハーブの中で、花の色が美しい青色のハーブを選びなさい。

①ウスベニアオイ
②エキナセア
③リンデン
④ローズヒップ
⑤ネトル

57. エキナセアの持つ代表的な作用として、正しいものを選びなさい。

①催乳作用
②緩下作用
③駆風作用
④抗うつ作用
⑤免疫賦活作用

58. 次のハーブのうち精油を含まないものを選びなさい。

①エルダーフラワー
②リンデン
③ペパーミント
④ジャーマンカモミール
⑤ハイビスカス

59. マルベリーの持つ特徴のうち、間違っているものを選びなさい。

①α‐グルコシダーゼの働きを阻害して、食後の血糖値の上昇を抑制する。
②肥満や高血糖など生活習慣病に適する。
③主要成分としてアントシアニン色素を含む。
④ミネラルを豊富に含む。
⑤使用部位は葉部である。

60. 不眠や抗うつに不適なハーブを次の中から選びなさい。

①ジャーマンカモミール
②リンデン
③パッションフラワー
④セントジョンズワート
⑤ネトル

模擬テスト1　解答・解説

1. ②　緩下作用は便通を促す作用。

2. ⑤　ペクチンはハイビスカスやローズヒップに含まれる成分。

3. ①　②アビケンナはイブン・シーナとも呼ばれ、錬金術の技術から精油の蒸留を可能にした10世紀のペルシャの医師。③ヒポクラテスは医学の祖と呼ばれ、古代ギリシャの医師で「体液病理説」を提唱した。④ターナーはイギリスで活躍したハーバリスト。⑤ディオスコリデスは『薬物誌』を著した1世紀の医師。

4. ③　月経前症候群の月経痛には鎮痙作用のあるラズベリーリーフが有効。ハイビスカスは代謝促進作用があり、ローズヒップはビタミンCの補給ができるため、スポーツの前後に飲むとよい。

5. ⑤　①ローズヒップの使用部位は偽果。②ダンディライオンの使用部位は根部、エキナセアは地上部、根部。③ウスベニアオイの使用部位は花部。④エルダーフラワー、ジャーマンカモミールの使用部位は花部、ハイビスカスの使用部位は萼部。

6. ①　チンキは長期間保存するものなので、ビンは雑菌が入らないよう必ず煮沸消毒する。

7. ②

8. ①　②ダンディライオンは強肝、利胆、緩下、催乳の働きがある。③リンデンは心身の緊張を和らげる働きある。④マテは、脳の働きを活性化する働きがある。⑤粘液質を持つウスベニアオイは、風邪や胃炎などに適している。

9. ⑤　ダンディライオンは、肝臓の機能を高める作用がある。

10. ④

11. ②　ローズヒップの主要成分はビタミンC、カロテノイドなどである。

12. ②　雑貨として販売されているハーブは、着色料などの添加物や、残

留農薬などの安全性が確認できないため、クラフト目的以外では使用できない。メディカルハーブとして使用する場合は、食品検査をパスしたものを使用する。

13. ④ 浸出油の保存には遮光ガラスビンを使用し、日の当たらない冷暗所で保存する。

14. ④ ①ウスベニアオイの使用部位は花部。②ネトルの使用部位は葉部。③ハイビスカスの使用部位は萼部。⑤ペパーミントの使用部位は葉部。

15. ⑤ パッションフラワーはトケイソウ科。オトギリソウ科のハーブにはセントジョンズワートがある。

16. ③

17. ② カフェインは興奮作用、ハルマンは精神安定作用をもたらす。

18. ⑤ ①クレイは植物ではなく鉱物。②ミツロウは、ミツバチが分泌するロウで、ビーワックスとも呼ばれる。③植物油を肌に直接使用する場合には、肌トラブルを避けるため、あらかじめパッチテストをするとよい。④浸出油には植物油を使用する。植物油を使用した浸出油は、脂溶性成分と水溶性成分の抽出が期待できるが、ミネラルウォーターから抽出できるのは水溶性成分のみで、脂溶性成分の抽出は期待できない。

19. ③ 妊娠中のハーブ利用は可能。前期、中期、後期と変化に応じて適するハーブが異なる場合もある。

20. ③

21. ② ヒポクラテスは体液病理説を唱えた。特定病因論は 19 世紀の考え方。

22. ②

23. ③ ①カフェインはマテの主要成分。②ヒビスシンはハイビスカスの主要成分。④ハイパーフォリンはセントジョンズワートの主要成分。⑤タンニンは、ウスベニアオイ、セントジョンズワート、ペパー

ミント、ラズベリーリーフ、リンデンなどに含まれる成分。

24. ⑤

25. ②

26. ⑤

27. ⑤ ①エルダーフラワーはレンプクソウ（スイカズラ）科。シナノキ科にはリンデンがある。使用部位はいずれも花。②ダンディライオンの使用部位は根部。③ハイビスカスの使用部位は花部ではなく萼部。④マテはモチノキ科。

28. ① 高温で抽出されるものにはタンニンやカフェインがある。粘液質、糖類、ビタミンＣ、ビタミンＢ群などは低温でも抽出されるため、水出しティーとしても利用できる。

29. ③

30. ④

31. ④ 無水エタノールの濃度は99.5％。76.8～81.2％は消毒用エタノールの濃度。

32. ⑤

33. ⑤ マルベリーのカロリーカット効果を期待する場合には、食前に飲む。有効成分であるDNJが糖類の吸収を抑制するため、食事での糖分摂取の前に腸内に入れておくのが効果的である。

34. ⑤

35. ④

36. ③ ミネラルは根から吸い上げられた地中成分。

37. ① ②ハーブを購入する際は、色や香りから品質のチェックが必要。③別の部位を使用した場合、全く異なる作用になることがある。④フラボノイドの代表的な作用の一つに発汗作用がある。⑤ハーブティーは時間経過とともに酸化が進むため、作ったその日のうちに飲みきる。

38. ⑤ ①ハーブティーは、ハーブの水溶性成分を摂取できる剤型。②ハー

ブティーの飲用は、目的により必ずしも食後が適しているとは限らない。例えばジャーマンカモミールの消炎作用を傷んだ胃の粘膜に作用させる場合は、食間や夜寝る前などの空腹時に飲む。ダイエットや糖尿病などの生活習慣病予防としてマルベリーを飲む場合は食前に。③ハーブをカットして空気に触れる面積が大きいほど酸化が進むので、使う時に必要な分のみ細かくカットする。④ハーブティーは時間をあけて1日に3〜4回飲むほうが有効。

39. ③ 浸出油の保存期間は約3カ月。

40. ⑤

41. ④ 子どもや高齢者は、体質や体調の変化による影響が大きいことがあるため、様子を見ながら使用する。

42. ③ 部屋の消臭にはペパーミントが効果的。

43. ① 口臭予防には、ペパーミントやラズベリーリーフが効果的。

44. ④

45. ③ メディカルハーブ検定で問われる15種類のハーブのうち、カフェインを含むのはマテのみ。

46. ① エルダーフラワーの和名はセイヨウニワトコ。セイヨウボダイジュはリンデンの和名。

47. ② ①エタノールは水溶性と脂溶性両方の成分を取り出せる。③酸化防止の目的で加えられるのは小麦胚芽油。④グリセリンには保湿作用がある。⑤クレイには吸収作用、吸着作用、洗浄作用、収れん作用がある。

48. ⑤ ブレンドすることで複数のハーブの相乗効果が期待できたり、飲みにくいハーブが飲みやすくなったりする。

49. ① セイヨウニワトコはエルダーフラワーの和名。

50. ③ ディオスコリデスは古代ローマの医師である。

51. ③

52. ③ シミ・色素沈着の予防には、ジャーマンカモミールの外用チンキ

や、マルベリーのフェイスパックが効果的。

53. ②

54. ④ ①家庭での保存を考慮して、短期間で使い切れる量を少量ずつ買うようにしたい。②チンキは長期間保存するものなので、雑菌が入らないようビンは必ず煮沸消毒する。③ハーブティーは時間経過とともに酸化が進むので、その日のうちに飲みきる。⑤ハーブをあらかじめカットしておくと酸化が進むので、その都度カットする。

55. ③ ウスベニアオイとハイビスカスは、ともにアオイ科。

56. ①

57. ⑤

58. ⑤

59. ③ マルベリーはアントシアニン色素は含まず、酵素阻害（二糖類分解酵素のα‐グルコシターゼ）の働きを持つデオキシノジリマイシン（DNJ）やクロロフィルなどを主要成分とする。

60. ⑤

	1回目	2回目	3回目
正答数	/60問	/60問	/60問

模擬テスト2

60問／70分　　目標正答数 50問

解答・解説 220 ページ

1. インドの伝統医学を次の中から選びなさい。

　①陰陽五行説
　②フラワーエッセンス
　③中医学
　④アーユルヴェーダ
　⑤体液病理説

2. 次の組み合わせで間違っているものを選びなさい。

　①アルカロイド　　―　　カフェイン
　②フラボノイド配糖体　　―　　ハルマン
　③植物酸　　―　　リンゴ酸
　④アントシアニン色素　　―　　ヒビスシン
　⑤ネトル　―　ケイ素

3. 次のうち正しい記述の組み合わせを選びなさい。

　a. 抗酸化作用は老化を促進する作用である。
　b. 抗菌・抗ウイルス作用とは、植物が病原菌から身を守るために作り出した物質の機能をそのまま人に応用したものである。
　c. 私たちは、植物に含まれるビタミンやミネラルなどの成分で栄養素を補給している。
　d. メディカルハーブの薬理作用は、医薬品とは全く違う作用である。
　e. 生体防御機能調節作用には、心身の状態をバランスよく保とうする働きがある。

　①a、b、e　　②a、b、c　　③a、d、e
　④b、c、e　　⑤c、d、e

4. パッションフラワーについて間違っているものを 1 つ選びなさい

①和名はチャボトケイソウである。

②ジャーマンカモミールとのブレンドが効果的である。

③成分にハルモールを含んでいる。

④地上部の全草を使用する。

⑤サンシャインサプリメントと呼ばれている。

5. ジャーマンカモミールについて間違っているものを 1 つ選びなさい。

①ピーターラビットの童話に登場する。

②心身をリラックスさせるとともに消炎作用を発揮する。

③成分にカマズレンを含んでいる。

④飲むサラダと呼ばれている。

⑤牛乳との相性がよいため、ミルクティーとしても楽しめる。

6. 次のメディカルハーブのうち中枢系の鎮静作用のあるハーブを選びなさい。

①ジャーマンカモミール

②セントジョンズワート

③マテ

④エキナセア

⑤パッションフラワー

7. 次のうち正しい記述の組み合わせを選びなさい。

a. 鼻やのどの粘膜に炎症があるような場合は、炎症部位に有効成分を直接作用させられる蒸気吸入が適している。

b. 肌の不調を感じたら、毎日フェイシャルスチームを行うとよい。

c. 肌が乾燥している時には、冷浸剤の湿布が適している。

d. チンキは約 1 年間保存できる。

e. 浸出油は約 6 カ月保存できる。

①a、b　　②a、c　　③a、d　　④b、e　　⑤d、e

8. 次のうち誤った記述の組み合わせを選びなさい。

    a. ローマの医師ガレノスは、500 種類以上のハーブを使い、数多くの水薬を作った。

    b. 医師ディオスコリデスが著した『薬物誌』は、16 世紀まで薬のバイブル的存在であった。

    c. ローマ人医師アビケンナは、錬金術の技術により、蒸留法を確立し、植物から精油を蒸留した。

    d. 中世のイギリスでは、ターナー、カルペッパー、ジェラード、パーキンソンというハーバリストたちが活躍した。

    e. パスツールは、コレラ菌を発見した。

    ① a、b   ② a、c   ③ b、d   ④ c、e   ⑤ d、e

9. ラズベリーリーフについて間違っているものを 1 つ選びなさい。

    ①成分にタンニンであるロスマリン酸を含んでいる。

    ②ユーラシア大陸から北米にかけて生育する。

    ③「安産のお茶」といわれている。

    ④子宮や骨盤の周囲の筋肉を調整する働きを持っている。

    ⑤和名はヨーロッパキイチゴである。

10. テオフィリンを主要成分に持つハーブを選びなさい。

    ①エキナセア

    ②セントジョンズワート

    ③パッションフラワー

    ④リンデン

    ⑤マテ

11. 次のメディカルハーブのうち、浄血作用を特徴とするハーブを選びなさい。

①ウスベニアオイ

②ネトル

③マルベリー

④ペパーミント

⑤パッションフラワー

12. マテについて間違っているものを1つ選びなさい。

①西洋のコーヒー、東洋のお茶と並んで、世界の3大ティーに数えられている。

②南米3カ国に生育するカフェイン含有のハーブである。

③「安産のお茶」といわれている。

④飲むサラダと呼ばれている。

⑤フラボノイドやビタミン、ミネラル類を豊富に含んでいる。

13. フラボノイドとの相乗効果で利尿作用が期待できる成分を選びなさい。

①イヌリン

②ペクチン

③カリウム

④カルシウム

⑤タンニン

14. 次のうちトケイソウ科のハーブを選びなさい。

①マテ

②セントジョンズワート

③パッションフラワー

④ジャーマンカモミール

⑤マルベリー

205

15. ネトルについて間違っているものを 1 つ選びなさい。

①春季療法に用いられる。

②学名は *Urtica dioica* である。

③フラボノイドやクロロフィル、ビタミンやミネラルを豊富に含んでいる。

④カフェイン含有ハーブである。

⑤和名はセイヨウイラクサである。

16. 使用部位が葉部でないものを選びなさい。

①ペパーミント

②マルベリー

③マテ

④セントジョンズワート

⑤ネトル

17. 次の組み合わせで間違っているものを選びなさい

①ネトル　―　デオキシノジリマイシン

②ハイビスカス　―　植物酸

③ウスベニアオイ　―　アントシアニン

④エキナセア　―　シナリン

⑤ジャーマンカモミール　―　カマズレン

18. 次の文章で正しいものを選びなさい。

①眼精疲労には、黄色のアントシアニン色素を持つウスベニアオイを用いるとよい。

②コラーゲンの生成を促すには、ハイビスカスを用いるのがよい。

③肝臓の機能を高めるには、ダンディライオンを用いるのがよい。

④季節性感情障害には、パッションフラワーを用いるのがよい。

⑤生活習慣病の予防には、デオキシノジリマイシン（DNJ）が含まれているネトルを用いるのがよい。

19. 次の文章で誤ったものを選びなさい。

①ハーブは一度に使い切る量をこまめに買うのがよい。

②必ず信頼できる店で、学名を確認して買う。

③ハーブの使用部位として適さない部位を使用すると、本来とは異なる作用が出ることもある。

④ハーブは、小さな子ども、お年寄り、妊婦に対してなんらかの影響が出る場合もあるので、様子を見ながら使用する。

⑤ハーブはしっかりフタのできる保存容器に入れ、暖かい場所に置く。

20. 次の組み合わせで間違っているものを選びなさい。

①リンデン　—　タンニン

②ハイビスカス　—　アルカロイド

③パッションフラワー　—　ビテキシン

④エキナセア　—　多糖類

⑤ダンディライオン　—　カフェ酸

21. 作用の説明で正しいものを選びなさい。

①強壮作用　—　新陳代謝を活性化する。

②強肝作用　—　胆のうの機能を高める。

③抗酸化作用　—　細胞の老化を抑える。

④緩和作用　—　筋肉の緊張を和らげる。

⑤消炎作用　—　痛みを軽くする。

22. 次の組み合わせで誤ったものを選びなさい。

①シワ・たるみ　—　ウスベニアオイ

②肌荒れ　—　ローズヒップ

③冷え性　—　ジャーマンカモミール

④インフルエンザ　—　エルダーフラワー

⑤アトピー性皮膚炎　—　エキナセア

模擬テスト2

207

23. 次の中で誤っているものを選びなさい。

①パッションフラワーは、夏至の日に収穫すると最も治癒力が強いといわれている。

②マテは西洋のコーヒー、東洋のお茶と並んで、世界3大ティーに数えられている。

③エルダーフラワーはフラボノイドを豊富に含むハーブの代表である。

④ウスベニアオイのハーブティーにレモン汁をたらすと、一瞬でピンク色に変化する。

⑤マルベリーはクロロフィルや鉄分、カルシウム、亜鉛などのミネラルを豊富に含むことで知られている。

24. 次の中で誤っているものを選びなさい。

①各々の成分が同じ作用を持ち、効果を増強することを、相乗効果という。

②アルカロイドの利尿作用とカリウムの利尿作用が相乗効果を発揮しているハーブの一つに、エルダーフラワーがある。

③同じハーブを正反対の症状に使用できることがある。

④相乗効果の一つに、別の成分がほかの成分を補助するという作用がある。

⑤1種類のハーブで、心身の両方に同時に働きかけるハーブがある。

25. 次のうちレンプクソウ（スイカズラ）科に属するハーブを選びなさい。

①エキナセア

②ウスベニアオイ

③エルダーフラワー

④マテ

⑤マルベリー

26. 次の記述で正しいものを選びなさい。

①エルダーフラワーの利尿作用は、フラボノイドとアルカロイドの相乗効果によるものだ。

②ローズヒップのフラボノイドは、ビタミン C の働きを増強する。

③タンニンは人に発汗や鎮静作用をもたらす。

④有効成分のアルカロイドのうち、パッションフラワーのハルマンは興奮作用を示す。

⑤浄血作用のあるメディカルハーブは、マテである。

27. 「春季療法」に用いられるハーブを選びなさい。

①マルベリー

②ネトル

③リンデン

④ラズベリーリーフ

⑤ダンディライオン

28. 次の記述で誤っているものを選びなさい。

①紀元前 1700 年頃に書かれたパピルスの文書には、約 700 種類のハーブが記録されていた。

②インドのアーユルヴェーダは、人の体質を 3 つに分けた。

③ヒポクラテスの体液病理説では、人の体には、血液、黒胆汁、黄胆汁の 3 種類の体液が流れている。

④中国最古の薬物書は『神農本草経』である。

⑤ 15 〜 17 世紀半ばの大航海時代に、多くのスパイスやハーブがヨーロッパに持ち込まれた。エキナセアもその一つである。

29. ハーブを使ったフェイシャルスチームをする場合、誤っているものを選びなさい。

①皮膚に潤いを与えることや、引き締めるなどのスキンケアを目的とする。
②ハーブの持つ揮発性の香り成分が脳に作用する。
③肌が敏感な人の場合でも、アロマテラピーに比べてハーブはやさしく作用するので、好きなだけ、長時間楽しめる利点がある。
④蒸気を逃がさないように、頭からバスタオルをかぶって行う。
⑤用具として、洗面器や鍋などを使用する。

30. 葉酸を主要成分に持つハーブを選びなさい。

①ハイビスカス
②リンデン
③ネトル
④ウスベニアオイ
⑤ダンディライオン

31. 次の中で正しいものを選びなさい。

①マテは、ビタミンやミネラルを豊富に含むことから「飲むサラダ」と呼ばれている。
②主要成分にアラビノガラクタンを含んでいるのは、ラズベリーリーフである。
③ハイビスカスは春季療法に用いられる。
④エキナセアには主要な成分として精油が含まれている。
⑤ウスベニアオイはモチノキ科のハーブである。

210

32. 次のうち正しい記述の組み合わせを選びなさい。

a. メディカルハーブには 7 つの代表的な働きがある。

b. 1 つのメディカルハーブには有効成分が 1 種類しかない。

c. 相乗効果はメディカルハーブの持つ大きな特徴である。

d. 心と体の両方に効果を期待する場合、複数のハーブを使用する必要がある。

e. 同じ種類のハーブを相反する症状に用いる場合がある。

① a、c　　② c、e　　③ a、e　　④ b、d　　⑤ b、c

33. ウスベニアオイについて間違っているものを 1 つ選びなさい。

① 使用部位は花部である。

② 粘液質を豊富に含んでいる。

③ 成分にタンニンを含んでいる。

④ 胃炎、尿道炎、皮膚のトラブルなどに用いられる。

⑤「インフルエンザの特効薬」と呼ばれている。

34. メディカルハーブの生体防御機能調節作用で、あてはまるものを選びなさい。

① 鎮痙作用

② 免疫賦活作用

③ 抗菌・抗ウイルス作用

④ 消化機能促進作用

⑤ 興奮作用

35. 次のうち誤った記述の組み合わせを選びなさい。

a. 統合医療は、近代医療と代替療法の長所を生かし、短所を補うものである。

b. メディカルハーブとは「薬用植物」そのものを示す場合もある。

c. 自然療法は、ナチュロパシーと呼ばれる。

d. 代替医療は、外傷が得意分野である。

e. 21世紀になり、生活習慣病や心身症が増えた。

① a、b　　② a、c　　③ b、d　　④ c、e　　⑤ d、e

36. 次のメディカルハーブのうちミネラルを含まないものを選びなさい。

①ダンディライオン
②パッションフラワー
③ハイビスカス
④ネトル
⑤マテ

37. 「飲むサラダ」と呼ばれているハーブを選びなさい。

①エキナセア
②ダンディライオン
③マテ
④マルベリー
⑤ハイビスカス

38. 次の中で誤っているものを選びなさい。

①ジャーマンカモミールはナチュラルメディスンとして用いられてきた。

②ダンディライオンにはタラキサシンが含まれている。

③ローズヒップはビタミンCの爆弾と呼ばれている。

④リンデンの主要成分にはティリロシドが含まれている。

⑤ハイビスカスは一般的にはローゼルとも呼ばれている。

39. 次のうち正しい記述の組み合わせを選びなさい。

a. 粘液質は多糖類から成る。

b. タンニンには強い苦み成分がある。

c. 苦味質には健胃・強肝作用がある。

d. フラボノイドは植物の甘味成分である。

e. ミネラルは植物が作り出したものではない。

① a、b、c　　② c、d、e　　③ a、d、e

④ b、c、d　　⑤ a、c、e

40. 次の中で誤っているものを選びなさい。

①エキナセアは、北米先住民が最も大切にしたハーブである。

②ジャーマンカモミールは、和名をカミツレという。

③ネトルは、主要成分にケイ素を含んでいる。

④マテは、主要成分にマトリシンを含んでいる。

⑤ダンディライオンは、キク科のハーブで根部を使用する。

41. 次の文章で正しいものを選びなさい。

①パッションフラワーは、暗く落ち込んだ心に明るさを取り戻すことから、「サンシャインサプリメント」と呼ばれている。

②エルダーフラワーは、第2次世界大戦後にドイツなどで研究が進み、「免疫力を高めるハーブ」として広く知られるようになり、風邪やインフルエンザ、カンジダや尿道炎などの感染症の予防に用いられている。

③リンデンは心身をリラックスさせるとともに消炎作用を発揮するため、ストレスによる胃炎、胃潰瘍や不眠、冷え性や月経痛など、婦人科の症状に用いられる。

④マルベリーはフラボノイドやクロロフィル、ビタミンやミネラルを豊富に含むハーブで、花粉症やアトピーなどのアレルギー疾患に体質改善の目的で用いられる。

⑤ローズヒップは天然のビタミンCをレモンの20〜40倍も含んでおり、外観がラグビーボールに似ているところから、ビタミンCの爆弾と呼ばれている。

42. ダンディライオンについて間違っているものを1つ選びなさい。

①ノンカフェインのヘルシーコーヒーとして人々に愛飲されている。

②科名はキク科である。

③薬物代謝酵素を誘導するため医薬品との併用に注意が必要である。

④成分にタラキサシンを含んでいる。

⑤世界各地の伝統医療でナチュラルメディスンとして用いられてきた。

43. タンパク質を固める性質のある成分を選びなさい。

①クロロフィル

②タンニン

③ビタミンC

④カフェイン

⑤カロテノイド

44. 次の中で正しいものを選びなさい。

①パッションフラワーは花のトランキライザーと呼ばれている。

②リンデンは主要成分にフラガリンを含んでいる。

③エキナセアは「免疫力を高めるハーブ」として広く知られている。

④エルダーフラワーは牛乳との相性がよい。

⑤マルベリーは葉酸を含んでいる。

45. 次の中で誤っているものを選びなさい。

①植物は光合成で栄養素のみを作っている。

②メディカルハーブの有効成分には、水溶性と脂溶性がある。

③同じメディカルハーブを服用しても、反応が異なることもある。

④メディカルハーブで栄養素の補給ができる。

⑤１種類のハーブで乾燥・脂性肌の両方に使用できるものがある。

46. 次の中で誤っているものを選びなさい。

①リンデンの精油成分は、ファルネソールである。

②有効成分のペクチンを含んでいるのは、ローズヒップとハイビスカスである。

③タンニンの没食子酸を含んでいるのは、ラズベリーリーフである。

④ネトルにはビタミンとして葉酸が含まれる。

⑤有効成分のマトリシンを持っているのはマテである。

47. マルベリーについて間違っているものを１つ選びなさい。

①成分にデオキシノジリマイシンを含んでいる。

②生活習慣病の予防に役立つ。

③α‐グルコシダーゼ阻害による血糖調整の作用がある。

④花粉症やアトピーなどのアレルギー疾患に体質改善の目的で用いられる。

⑤鉄、カルシウム、亜鉛などのミネラルを豊富に含んでいる。

48. 次の組み合わせで正しいものを選びなさい。

①胃腸の不調 ― ペパーミント
②花粉症 ― パッションフラワー
③PMS ― マテ
④ダイエット ― セントジョンズワート
⑤シミ・美白 ― ダンディライオン

49. ウスベニアオイについて、次の中から誤った記述を選びなさい。

①一般的にはマロウブルーと呼ばれている。
②青色はアントシアニンの色である。
③使用部位は花である。
④代謝促進の作用がある。
⑤風邪によるのどの痛みやせきに用いられる。

50. 次のうち正しい記述の組み合わせを選びなさい。

a. 腸内のガスを出す作用のことを駆風作用という。
b. 鎮痙作用とは、神経系の緊張を和らげる作用のことである。
c. 抗酸化作用とは、活性酸素を取り込む作用のことである。
d. 鎮静作用とは、神経系を鎮めてリラックスさせる作用のことである。
e. 利胆作用とは、肝臓の機能を高める作用のことである。

①a、b 　②a、c 　③a、d 　④b、e 　⑤d、e

51. ハイビスカスについて間違っているものを1つ選びなさい。

①一緒に含まれているフラボノイドがビタミンCの働きを増強してくれる。
②肉体疲労や眼精疲労に用いられる。
③爽やかな酸味と美しいワインレッドの色のハーブティーとして有名である。
④一般的にはローゼルと呼ばれている。
⑤主要成分に植物酸を含んでいる。

52. デオキシノジリマイシン（DNJ）を含んでいるハーブを選びなさい。

①ネトル
②ラズベリーリーフ
③エルダーフラワー
④マルベリー
⑤エキナセア

53. γ-アミノ酪酸を主要成分に持つハーブを選びなさい。

①リンデン
②ペパーミント
③マルベリー
④ダンディライオン
⑤パッションフラワー

54. 次の組み合わせで間違っているものを選びなさい。

①ラズベリーリーフ　―　レンプクソウ（スイカズラ）科
②リンデン　―　アラビノガラクタン
③パッションフラワー　―　ビテキシン
④ジャーマンカモミール　―　ピーターラビット
⑤エキナセア　―　カンジダ

55. 次のメディカルハーブのうち興奮作用のあるハーブを選びなさい。

①エキナセア
②パッションフラワー
③ダンディライオン
④ローズヒップ
⑤マテ

56．ウスベニアオイについて．次の中から正しい記述を選びなさい。

①花の色はピンクである。

②多糖類が含まれている。

③創傷に対して使われる。

④学名は *Morus alba* である。

⑤春季療法に使われる。

57．次の中で正しいものを選びなさい。

①エキナセアは「インフルエンザの特効薬」と呼ばれている。

②ハイビスカスは爽やかな酸味と美しいワインレッドの色を持っている。

③ウスベニアオイのハーブティーにレモン汁をたらすと青色に変化する。

④ダンディライオンは飲むサラダと呼ばれている。

⑤ペパーミントの和名はオランダハッカである。

58．次の組み合わせで間違っているものを選びなさい。

①ローズヒップ　―　ビタミンC消耗時の補給

②ラズベリーリーフ　―　安産のお茶

③マテ　―　エキナコシド

④ダンディライオン　―　強肝、利胆、催乳

⑤ジャーマンカモミール　―　キク科

59．ペパーミントについて間違っているものを1つ選びなさい。

①過敏性腸症候群などの心身症に用いられる。

②シソ科の植物で、使用部位は葉部である。

③ファルネソールという精油成分が含まれている。

④和名はセイヨウハッカである。

⑤食べ過ぎ、飲み過ぎ、消化不良や食欲不振などに用いられる。

218

60. 次の中で誤っているものを選びなさい。

①ダンディライオンは主要成分にイヌリンを含んでいる。

②ローズヒップはバラ科で使用部位は萼部である。

③パッションフラワーは向精神性のハーブである。

④ハイビスカスは肉体疲労に用いられる。

⑤ウスベニアオイは尿道炎に用いられる。

模擬テスト2　解答・解説

1. ④ ①陰陽五行説は中医学の考え方。②フラワーエッセンスはイギリスのバッチ博士によって生まれた療法。③中医学は中国の伝統医学。⑤体液病理説は医学の祖と呼ばれるヒポクラテスの考え。

2. ② ハルマンは、パッションフラワーに含まれるアルカロイド。パッションフラワーに含まれるフラボノイド配糖体は、ビテキシン。

3. ④ a. 抗酸化作用は老化を抑制する作用。d. 医薬品にはメディカルハーブを起源に持つものが多く、その作用を利用している。

4. ⑤ 「サンシャインサプリメント」と呼ばれているのはセントジョンズワート。

5. ④ 「飲むサラダ」と呼ばれているのはマテ。

6. ⑤ 検定で問われる15種類のハーブのうち、中枢系の鎮静作用があるのはパッションフラワーのみ。

7. ③ b. フェイシャルスチームは週2回が限度で、それ以上は肌に逆効果になることも。c. 肌が乾燥している時には温湿布がよい。e. 浸出油の保存期間は約3カ月。

8. ④ c. アビケンナはペルシア人で、イブン・シーナとも呼ばれる。e. コレラ菌を発見したのはコッホ。パスツールは狂犬病のワクチンを発明した。

9. ① ラズベリーリーフに含まれるのは没食子酸とエラグ酸で、ロスマリン酸はペパーミントに含まれる。

10. ⑤ マテに含まれるアルカロイドは、テオフィリンのほかにカフェインとテオブロミンがある。

11. ②

12. ③ 「安産のお茶」といわれているのは、ラズベリーリーフ。

13. ③

220

14. ③

15. ④ カフェイン含有のハーブはマテ。

16. ④ セントジョンズワートの使用部位は、開花時の地上部。

17. ① デオキシノジリマイシン（DNJ）を含んでいるのはマルベリー。ネトルはフラボノイドのクエルセチンやフラボノイド配糖体のルチン、クロロフィルなどを含み、春季療法に用いられる。

18. ③ ①ウスベニアオイのアントシアニン色素は青色。②コラーゲンの生成を促すにはローズヒップのビタミンＣが不可欠。ハイビスカスに含まれる植物酸は糖質のエネルギー代謝を助け、肉体疲労の回復を早める。④季節性感情障害にはセントジョンズワートが活用される。⑤生活習慣病の予防には、DNJ が含まれているマルベリーが用いられる。ネトルは春先のアレルギー予防のための春季療法に用いられる。

19. ⑤ ハーブの保存は日の当たらない涼しい場所が適している。「密閉」、「遮光」、「冷暗所に保存」が保存の３原則。

20. ② 検定で問われる 15 種類のハーブのうち、アルカロイドを含むのは、パッションフラワーとマテのみ。

21. ③ ①強壮作用は体を活性化させること。新陳代謝を活性化するのは代謝促進作用。②強肝作用は肝臓の機能を高める作用。胆のうの機能を高めるのは利胆作用。④緩和作用は緊張を和らげる作用。筋肉の緊張を和らげるのは鎮痙作用。⑤消炎作用は炎症を抑える作用。痛みを軽くするのは鎮痛作用。

22. ⑤ アトピー性皮膚炎にはジャーマンカモミール、ローズヒップ、ネトル、エルダーフラワーなどが使用される。

23. ① 夏至の日に収穫すると最も治癒力が強いといわれているのはセントジョンズワート。

24. ② 利尿作用があるのはフラボノイド。エルダーフラワーは、ほかに鎮痙、発汗、鎮静、抗アレルギーと幅広く対応できる便利なハー

221

ブ。アルカロイドは中枢系神経の鎮静や興奮作用があるが、利尿
作用があるのはフラボノイド。エルダーフラワーはフラボノイド
を含む代表的なハーブで、ほかに鎮痙、発汗、鎮静、抗アレルギー
と幅広い働きを持つ。

25. ③

26. ② ①利尿作用を持つ成分は、フラボノイドと、ミネラルであるカリ
ウム。③発汗や鎮静作用はフラボノイドによるもので、タンニン
は抗酸化作用のほかに、たんぱく質を固める働きがあり、収れん
作用や下痢を止める作用をもたらす。④ハルマンは精神安定作用
を持つ。⑤浄血作用があるのはネトル。

27. ②

28. ③ ヒポクラテスの体液病理説では、人の体には、血液、黒胆汁、黄
胆汁、粘液の4種類の体液が流れているとした。

29. ③ フェイシャルスチームは、敏感肌の場合は様子を見ながら5分間
程度にする。

30. ③

31. ① ②主要成分にアラビノガラクタンを含むのはリンデン。③春季療
法に用いられるのはネトル、ダンディライオン、エルダーフラワー
など。④エキナセアには微量の精油成分が含まれるが、主要成分
ではない。⑤ウスベニアオイはアオイ科、モチノキ科はマテ。

32. ② a. メディカルハーブには、薬理作用、生体防御機能調節作用、抗
酸化作用、抗菌・抗ウイルス作用、栄養素の補給という5つの作
用がある。b. メディカルハーブには多様な成分の相乗効果がある。
d. 1種類のハーブでも心身両方に効果をもたらすことができる。

33. ⑤ 「インフルエンザの特効薬」と呼ばれているのはエルダーフラ
ワー。

34. ② このほか、生体防御機能調整作用には、神経を鎮静させる作用、
ホルモン分泌を調節する作用などがある。

222

35. ⑤ d. 代替医療は、慢性症状、ストレス症状を得意分野とする。e. 生活習慣病や心身症が増えたのは 20 世紀。

36. ② そのほかエルダーフラワー、マルベリーもミネラルを含む。

37. ③

38. ① ナチュラルメディスンとして用いられてきたのはダンディライオン。

39. ⑤ b. タンニンには渋み成分がある。強い苦みがあるのはアルカロイド。d. フラボノイドは色素成分。

40. ④ マトリシンを含むのはジャーマンカモミール。

41. ⑤ ①「サンシャインサプリメント」と呼ばれているのはセントジョンズワート。②免疫力を高めるハーブとして広く知られているのはエキナセア。③心身をリラックスさせ、婦人科の症状に用いられるのはジャーマンカモミール。④花粉症やアトピーなどのアレルギー疾患に、体質改善の目的で用いられるのはネトル。

42. ③ 医薬品との併用に注意が必要なのはセントジョンズワート。

43. ②

44. ③ ①パッションフラワーは「植物性の精神安定剤」と呼ばれている。②フラガリンを含むのはラズベリーリーフ。④牛乳と相性がいいのはジャーマンカモミール。⑤葉酸を含むのはネトル。

45. ① 光合成によって酸素と水とブドウ糖が作られる。

46. ⑤ マトリシンを含むのはジャーマンカモミール。

47. ④ 花粉症やアトピーなどのアレルギー疾患に体質改善の目的で用いられるのはネトル、ダンディライオン、エルダーフラワーなど。

48. ① ②花粉症にはエルダーフラワー、ネトル、ペパーミントなどが効果的。③PMS にはラズベリーリーフ、セントジョンズワートなどが効果的。④ダイエットにはマルベリー、マテなどが効果的。⑤シミ・美白にはジャーマンカモミール、マルベリーなどが効果的。

49. ④ 代謝促進の作用があるのは、ハイビスカス。

50. ③ b. 鎮痙作用とは、筋肉の緊張を和らげる作用。c. 抗酸化作用とは、細胞の老化を抑える作用。e. 利胆作用とは、胆のうの働きを高める作用。

51. ① フラボノイドがビタミンCの働きを増強するのはローズヒップ。ハイビスカスはフラボノイドをほとんど含まない。

52. ④

53. ③

54. ① レンプクソウ（スイカズラ）科はエルダーフラワー。ラズベリーリーフはバラ科

55. ⑤ 検定で問われる15種類のハーブのうち、興奮作用があるのはマテのみ。

56. ② ①ウスベニアオイの花の色は濃い青紫。③ウスベニアオイは皮膚・粘膜を保護するが創傷には用いない。創傷にはエキナセアとローズヒップのブレンドなどが適する。④ *Morus alba* はマルベリーの学名で、ウスベニアオイの学名は *Malva sylvestris*。⑤春期療法に使われるのはネトル。

57. ② ①「インフルエンザの特効薬」と呼ばれているのはエルダーフラワー。③ウスベニアオイのハーブティーにレモン汁をたらすと青色からピンク色に変化する。④「飲むサラダ」と呼ばれているのはマテ。⑤ペパーミントの和名はセイヨウハッカ。

58. ③ エキナコシドを含むのはエキナセア。

59. ③ ペパーミントには、ℓ-メントールなどの精油成分が含まれる。ファルネソールはリンデンに含まれる精油成分。

60. ② ローズヒップの使用部位は偽果。

	1回目	2回目	3回目
正答数	/60問	/60問	/60問

模擬テスト3

60問／70分　目標正答数 50問

解答・解説 241 ページ

1. 次の組み合わせで正しいものを選びなさい。
   ①不眠 ― ジャーマンカモミール
   ②不安・緊張 ― ペパーミント
   ③目の疲れ ― エキナセア
   ④強壮 ― ハイビスカス
   ⑤口臭予防 ― マルベリー

2. 次の文章で正しいものを選びなさい。
   ①リンデンは、鎮静作用と利尿作用を持つことから高血圧に用いられる。また、風邪のひきはじめに服用すると、発汗を促して治りを早めてくれる。
   ②マルベリーは、脳の働きを活性化して活力を高め、利尿作用をもたらす。
   ③ダンディライオンは、北米先住民が伝染病や毒蛇に咬まれた時に用いた。
   ④マテの根を軽くロースト（焙煎）して入れたハーブティーは、「ノンカフェインのヘルシーコーヒー」として自然志向の人々に愛飲されている。
   ⑤植物性のトランキライザーと呼ばれているセントジョンズワートは、夏至の日に収穫したものが最も治癒力が強いといわれる。

3. 花の色素成分の役割で、正しい記述の組み合わせを次の中から選びなさい。

    a. 害虫を遠ざける。
    b. その植物にとって役に立つ昆虫を引き寄せる。
    c. 他の植物の発芽や成長を止めたり抑えたりする。
    d. 紫外線から植物を守る。
    e. 傷を修復する。

    ① a、c　　② c、e　　③ a、e　　④ b、d　　⑤ b、c

4. セントジョンズワートについて間違っているものを 1 つ選びなさい。

    ①使用部位である葉は、ほのかにフランボワーズの香りがする。
    ②夏至の日に収穫すると最も治癒力が強いといわれている。
    ③科名はオトギリソウ科である。
    ④使用部位は開花時の地上部。
    ⑤成分にハイパーフォリンを含んでいる。

5. 次のメディカルハーブのうち、フラボノイドを含むものを選びなさい。

    ①エキナセア
    ②エルダーフラワー
    ③ダンディライオン
    ④ハイビスカス
    ⑤マルベリー

6. フラボノイドとカリウムの相乗効果によって得られる作用を選びなさい。

    ①鎮痙作用
    ②利尿作用
    ③鎮痛作用
    ④免疫賦活作用
    ⑤健胃作用

7. 次の中で正しいものを選びなさい。

①生活習慣病を改善することができるのは、医薬品や手術に限られる。

②メディカルハーブの有効成分は恒常性の維持に役立つ。

③植物は光合成で二酸化炭素を作っている。

④メディカルハーブは多くの成分が含まれているので、医薬品より副作用が多い。

⑤すべてのメディカルハーブの成分は化学的に作り出すことができる。

8. 次の中で誤っているものを選びなさい。

①ハイビスカスの花の色はワインレッドである

②ウスベニアオイは粘液質を豊富に含んでいる。

③ラズベリーリーフは「安産のお茶」として知られている。

④マルベリーはクロロフィルを豊富に含んでいる。

⑤エルダーフラワーはフラボノイドを豊富に含んでいる。

9. ジャーマンカモミールの作用として間違っているものを選びなさい。

①鎮痙作用

②鎮痛作用

③消炎作用

④駆風作用

⑤興奮作用

10. 次の組み合わせで間違っているものを選びなさい。

①ウスベニアオイ　―　アントシアニン

②リンデン　―　ファルネソール

③パッションフラワー　―　タンニン

④ローズヒップ　―　ビタミンC

⑤マテ　―　カフェイン

11. 次の中で誤っているものを選びなさい。

①有効成分にクロロフィルを多く含むのは、ネトルである。

②セントジョンズワートの有効成分には、ハイパーフォリンがある。

③ダンディライオンは、粘液質のアラビノガラクタンを含んでいる。

④アルカロイドのハルマン、ハルモールを含んでいるのは、パッションフラワーである。

⑤マルベリーは有効成分にデオキシノジリマイシン（DNJ）を含んでいる。

12. タラキサシンを主要成分に持つハーブを選びなさい。

①ジャーマンカモミール

②エキナセア

③ローズヒップ

④ダンディライオン

⑤ネトル

13. ローズヒップについて間違っているものを 1 つ選びなさい。

①学名は *Rubus idaeus* である。

②ビタミン C の消耗時に用いられる。

③ビタミン C の爆弾と呼ばれている。

④使用部位は偽果である。

⑤成分にカロテノイドを含んでいる。

14. 亜鉛を主要成分に持つハーブを選びなさい。

①エキナセア

②パッションフラワー

③ネトル

④ハイビスカス

⑤マルベリー

15. 次のうちモチノキ科に属するハーブを選びなさい。

①ネトル
②マテ
③マルベリー
④ペパーミント
⑤エルダーフラワー

16. 次のメディカルハーブのうち駆風作用のあるハーブを選びなさい。

①ジャーマンカモミール
②エルダーフラワー
③ペパーミント
④マルベリー
⑤ローズヒップ

17. 使用部位が萼部のハーブを選びなさい。

①ローズヒップ
②ハイビスカス
③ダンディライオン
④ウスベニアオイ
⑤ジャーマンカモミール

18. ハイパーフォリンを主要成分に持つハーブを選びなさい。

①パッションフラワー
②セントジョンズワート
③ジャーマンカモミール
④エキナセア
⑤マルベリー

19. 次の組み合わせで誤ったものを選びなさい。

①外傷　−　セントジョンズワート
②肩こり　−　ハイビスカス
③便秘　−　ダンディライオン
④二日酔い　−　パッションフラワー
⑤スポーツ前　−　マテ

20. 次のウスベニアオイについての記述の中で、正しいものの組み合わせを選びなさい。

a. ウスベニアオイのハーブティーにレモン汁をたらすと青色に変化する。
b. タンニンが含まれている。
c. 皮膚のトラブルに湿布やパックとして利用される。
d. シソ科である。
e. 免疫力を高める。

①a、b　　②b、c　　③a、c　　④c、d　　⑤d、e

21. 次の組み合わせで間違っているものを選びなさい。

①ダンディライオン　−　タラキサステロール
②ペパーミント　−　ℓ-メントール
③ローズヒップ　−　リコペン
④ジャーマンカモミール　−　ファルネソール
⑤ラズベリーリーフ　−　没食子酸

22. 作用名の記述で誤っているものを選びなさい。

①駆風作用　−　胃・腸内のガスを排出する。
②利胆作用　−　胆のうの機能を高める。
③緩下作用　−　下痢を止める。
④収れん作用　−　皮膚を引き締める。
⑤強肝作用　−　肝臓の機能を高める。

23. 次の中で誤っているものを選びなさい。

①有効成分のうち、苦味を感じさせる成分は苦味質のみである。

②フラボノイドの作用には、鎮静・鎮痙・発汗・利尿・抗アレルギー
などがある。

③タンニンには、傷口を保護して再生する作用がある。

④苦味質には、健胃・強肝という作用がある。

⑤粘液質には、皮膚粘膜を保護する作用がある。

24. ハイビスカスの作用として間違っているものを選びなさい。

①興奮作用

②代謝促進作用

③利尿作用

④緩下作用

⑤消化機能促進作用

**25.「ノンカフェインのヘルシーコーヒー」と呼ばれているハーブを選び
なさい。**

①マテ

②ダンディライオン

③ジャーマンカモミール

④マルベリー

⑤ラズベリーリーフ

26. 次の組み合わせで間違っているものを選びなさい。

①リンデン　―　タンニン

②ハイビスカス　―　アルカロイド

③パッションフラワー　―　ビテキシン

④エキナセア　―　多糖類

⑤ダンディライオン　―　カフェ酸

231

27. 次の組み合わせで間違っているものを選びなさい。

①ハイビスカス － ローゼル

②エルダーフラワー － フラボノイド

③ローズヒップ － 偽果

④ペパーミント － 出産準備

⑤マテ － カフェイン

28. エキナセアの主要成分として間違っているものを選びなさい。

①エキナコシド

②イソブチルアミド

③ルテオリン

④シナリン

⑤多糖類

29. 次の中で誤っているものを選びなさい。

①植物の光合成は、二酸化炭素と水と太陽の光で行われる。

②植物の化学物質は、植物化学成分（フィトケミカル）と呼ばれる。

③植物は光合成で、酸素・水・ブドウ糖を作る。

④フィトケミカルは化学物質なので、メディカルハーブは人体に有害である。

⑤ミネラルは地中から吸収したもので、植物が作り出したものではない。

30. 次の中で誤っているものを選びなさい。

①エキナセアはキク科のハーブで、地上部と根部を使用する。

②ジャーマンカモミールは、冷え性や月経痛などの婦人科の症状に用いられる。

③ローズヒップには植物酸が含まれている。

④マルベリーは生活習慣病の予防に役立つ。

⑤エルダーフラワーにはタンニンが含まれている。

31. 次の中で誤っているものを選びなさい。

①メディカルハーブは医薬品にあるような消炎作用などが期待できる。

②緩下作用とは、便通を促す作用のことである。

③収れん作用とは、皮膚の老化を抑える作用のことである。

④緩和作用とは、緊張を和らげる作用のことである。

⑤鎮痙作用、鎮痛作用、消炎作用は、薬理作用である。

32. 次の中で誤っているものを選びなさい。

①ハーブ製剤に使用する基剤は、それ自体に有効な働きがあり、ハーブとの相乗効果を期待して使用する場合もある。

②外用チンキの希釈には、ミネラルウォーターが適している。

③エタノール、グリセリンは、ともにチンキの材料に使われる。

④ミツロウと植物油を合わせて軟膏を作る。

⑤クレイはケイ素を含む。

33. 次の組み合わせで間違っているものを選びなさい。

①ウスベニアオイ ― シナリン

②ネトル ― 葉酸

③マルベリー ― デオキシノジリマイシン

④マテ ― アルゼンチン

⑤リンデン ― セイヨウボダイジュ

34. 次の中で正しいものを選びなさい。

①医薬品のルーツは、メディカルハーブにある。

② 1827 年頃、メドースイートからアスピリンという有効成分が分離された。

③ 1890 年頃、コカの葉からコカインが分離された。

④ 19 世紀、ペニシリンなどの抗生物質が作り出された。

⑤医薬品は「魔法の薬」と呼ばれた。

模擬テスト3

233

35. 次の中で誤っているものを選びなさい。

①有効成分にクエン酸を含んでいるのは、ハイビスカスである。

②ミネラルのカルシウムを含むのはダンディライオン、ネトル、マテ、マルベリーである。

③マテは興奮作用を持つアルカロイドのカフェインを含んでいる。

④ペパーミントはタンニンのエラグ酸を含んでいる。

⑤ダンディライオンは苦味質のタラキサシンを含んでいる。

36. 「ビタミンCの爆弾」と呼ばれているハーブを選びなさい。

①ローズヒップ

②ハイビスカス

③ネトル

④リンデン

⑤ウスベニアオイ

37. ティリロシドを主要成分に持つハーブを選びなさい。

①リンデン

②ラズベリーリーフ

③ネトル

④マルベリー

⑤セントジョンズワート

38. メディカルハーブで筋肉の緊張を和らげる作用はどれか選びなさい。

①鎮痙作用

②緩和作用

③鎮静作用

④消炎作用

⑤鎮痛作用

39. エキナセアについて間違っているものを 1 つ選びなさい。

①南米 3 カ国に生育するカフェイン含有のハーブ。

②免疫力を高めるハーブとして広く知られている。

③成分にイソブチルアミドを含んでいる。

④使用部位は地上部と根部である。

⑤北米先住民が最も大切にしたハーブである。

40. エルダーフラワーについて間違っているものを 1 つ選びなさい。

①和名はセイヨウニワトコである。

②ルチン、クエルシトリンなどのフラボノイド配糖体を含んでいる。

③コーディアルと呼ばれる伝統的な自然飲料として親しまれている。

④就寝前の一杯は、心身の緊張を和らげて質の高い睡眠をもたらして
くれる。

⑤「インフルエンザの特効薬」と呼ばれている。

**41. メディカルハーブの 5 つの代表的な働きにあてはまらないものを選び
なさい。**

①薬理作用

②抗酸化作用

③抗菌・抗ウイルス作用

④堆積作用

⑤栄養素の補給

42. レモン汁を入れると色が変わるハーブを選びなさい。

①エキナセア

②ダンディライオン

③ウスベニアオイ

④ローズヒップ

⑤ハイビスカス

43. ビテキシンを主要成分に持つハーブを選びなさい。

①パッションフラワー

②セントジョンズワート

③エキナセア

④ジャーマンカモミール

⑤ラズベリーリーフ

44. テオブロミンを主要成分に持つハーブを選びなさい。

①セントジョンズワート

②ハイビスカス

③マルベリー

④マテ

⑤ネトル

45. 次のメディカルハーブのうち、免疫賦活作用のあるハーブを選びなさい。

①セントジョンズワート

②マテ

③エキナセア

④パッションフラワー

⑤ペパーミント

46. 次のうち正しい記述の組み合わせを選びなさい。

a. 植物の色素成分は紫外線から植物を守る役目を果たしている。

b. 樹皮などの傷はタンニンで修復される。

c. 植物が害虫を遠ざけるために作る物質は甘味成分である。

d. タンニンは人に発汗や鎮静作用をもたらす。

e. 花の色素成分は昆虫を引き寄せるためのものである。

①a、b、e　　②c、d、e　　③a、c、e

④b、c、d　　⑤a、d、e

47. 次のメディカルハーブのうち粘液質を含まないものを選びなさい。

①ウスベニアオイ
②リンデン
③エルダーフラワー
④ハイビスカス
⑤マルベリー

48. 『薬物誌』はどの地域の書物か。

①エジプト
②ヨーロッパ
③インド
④ペルシア
⑤中国

49. ロスマリン酸を主要成分に持つハーブを選びなさい。

①ペパーミント
②ラズベリーリーフ
③ウスベニアオイ
④ハイビスカス
⑤ローズヒップ

50. 免疫力を高めるハーブとして広く知られているものを選びなさい。

①セントジョンズワート
②ジャーマンカモミール
③ウスベニアオイ
④エキナセア
⑤ダンディライオン

模擬テスト3

237

51. 次の文章で正しいものを選びなさい。

①ハイビスカスは植物酸や粘液質を含んでいるので肉体疲労の回復を早めてくれるが、ビタミンＣがそれほど含まれていないので、ビタミンＣを多く含むラズベリーリーフとブレンドすると相乗効果が得られ、風味も向上して飲みやすくなる。

②ウスベニアオイは粘液質を豊富に含むため、欧米では昔から風邪によるのどの痛みや咳、胃炎や尿道炎などに用いられ、皮膚のトラブルにも湿布やパックとして活用されている。

③甘い香りを漂わせるセントジョンズワートのハーブティーは、心身の緊張を和らげる効果があり、就寝前の一杯は質の高い睡眠をもたらしてくれる。

④ネトルはフラボノイドを豊富に含むハーブの代表で、発汗や利尿作用をもたらす。抗アレルギー作用をもち、カタル症状を鎮めるため、欧米では「インフルエンザの特効薬」と呼ばれている。

⑤マテはストレスが元になって下痢や便秘、腹痛を繰り返す過敏性腸症候群などの心身症に用いられる。

52. タンニンのエラグ酸を主要成分に持つハーブを選びなさい。

①ローズヒップ
②ハイビスカス
③ウスベニアオイ
④ラズベリーリーフ
⑤ペパーミント

53. α - ビサボロールを主要成分に持つハーブを選びなさい。

①ラズベリーリーフ
②ペパーミント
③ジャーマンカモミール
④エルダーフラワー
⑤パッションフラワー

54. 次の中で正しいものを選びなさい。

①マテはパラグアイ、コロンビア、ブラジルの南米3カ国に生育する。

②医薬品との併用に注意が必要なハーブは、パッションフラワーである。

③エキナセアは、伝統医療でナチュラルメディスンとして用いられてきた。

④ペパーミントにはロスマリン酸が含まれている。

⑤リンデンにはビタミンCが豊富に含まれている。

55. 次の中で誤っているものを選びなさい。

①ウスベニアオイは皮膚のトラブルに用いられる。

②エキナセアは南米先住民が最も大切にしたハーブである。

③セントジョンズワートは季節性感情障害に用いられる。

④ペパーミントには賦活ののちに鎮静させる作用がある。

⑤リンデンの和名はセイヨウボダイジュである。

56. 次のうち正しい記述の組み合わせを選びなさい。

a. ハーブの邦訳は、「薬草」、「香草」である。

b. 病気になった時、体のバランスを元に戻そうとする働きを未病バランス力という。

c. 自然療法は人をホリスティックにとらえる。

d. メディカルハーブの作用は強力である。

e. 19世紀後半、「特定病因論」という考え方が定着した。

①a、b、c   ②c、d、e   ③a、d、e

④b、c、d   ⑤a、c、e

模擬テスト3

239

57. 次のメディカルハーブのうち、催乳作用のあるハーブを選びなさい。

①ハイビスカス

②ジャーマンカモミール

③エキナセア

④ダンディライオン

⑤マルベリー

58. 次の中で誤っているものを選びなさい。

①口内炎、咽頭炎や消化器に炎症があるような場合は、炎症部位に有効成分を直接作用させられるハーブティーが適している。

②ハーブティーは一度に何杯も飲むより、時間をあけて何度も飲む方が効果的である。

③冷浸剤の方がカフェインやタンニンが多く含まれる。

④ハーバルバスの温度は 38 〜 40℃が適当である。

⑤部分浴の場合は全身浴の時より温度を少し高めにする。

59. 「サンシャインサプリメント」と呼ばれているハーブを選びなさい。

①パッションフラワー

②ジャーマンカモミール

③リンデン

④ペパーミント

⑤セントジョンズワート

60. 次の中で誤っているものを選びなさい。

①リンデンは主要成分にロスマリン酸を含んでいる。

②ラズベリーリーフには収れん作用がある。

③パッションフラワーはジャーマンカモミールとのブレンドが効果的である。

④エルダーフラワーは主要成分に精油を含んでいる。

⑤ウスベニアオイは一般にマロウブルーと呼ばれている。

模擬テスト3　解答・解説

1. ①　②不安や緊張にはジャーマンカモミール、パッションフラワー、リンデンなどを用いる。③目の疲れには、アントシアニン色素を含むウスベニアオイやハイビスカスなど。④強壮にはダンディライオン、マテなど。⑤口臭予防にはラズベリーリーフやペパーミント。

2. ①　②脳の働きを活性化して活力を高め、利尿作用をもたらすのはマテ。③北米先住民が伝染病や毒蛇に咬まれた時に用いたのは、エキナセア。④根を軽くローストしたノンカフェインのコーヒーはダンディライオン。マテはカフェイン含有のハーブ。⑤植物性のトランキライザーと呼ばれているのは、パッションフラワー。

3. ④　a. 害虫を遠ざけるのはハーブの苦味質の働き。c. 他の植物の発芽や成長を止めたり抑えたりする成分は天然の芳香成分である精油に含まれる。e. 傷を修復するのはタンニンの働きによる。

4. ①　セントジョンズワートの使用部位は開花時の地上部。葉がほのかにフランボワーズの香りがするのはラズベリーリーフ。

5. ②　エルダーフラワーはフラボノイドを持つハーブの代表。

6. ②

7. ②　①メディカルハーブは、生活習慣病や心身症などのケアに適している。③光合成によって栄養素や酸素、水も作られる。④メディカルハーブはゆっくり穏やかに有効成分を吸収させるので、医薬品よりも副作用が少ないのが特徴。⑤すべての成分が解明されていないので、化学的にすべて作り出すことはできない。

8. ①　ハーブティーに使用される種類のハイビスカスの花の色は黄色〜白色をしている。ハーブティーの使用部位は萼部で、その色はワインレッド。

241

9. ⑤

10. ③ タンニンを含むのは、ウスベニアオイ、セントジョンズワート、ペパーミント、ラズベリーリーフ、リンデン。

11. ③

12. ④

13. ① ローズヒップの学名は、*Rosa canina*（ロサ カニナ）。*Rubus idaeus*（ルブス イダエウス）はラズベリーリーフの学名。

14. ⑤

15. ② ①ネトルはイラクサ科。③マルベリーはクワ科。④ペパーミントはシソ科。⑤エルダーはレンプクソウ（スイカズラ）科。

16. ① 検定で問われる15種類のハーブのうち、駆風作用があるのはジャーマンカモミール。

17. ② ①ローズヒップの使用部位は偽果。③ダンディライオンの使用部位は根部。④ウスベニアオイの使用部位は花部。⑤ジャーマンカモミールの使用部位は花部。

18. ②

19. ④ 二日酔いにはペパーミント、ダンディライオン、ローズヒップなどがよい。

20. ② a. ウスベニアオイのハーブティーにレモン汁をたらすと、青色からピンク色に変化する。d. ウスベニアオイはアオイ科。e. 免疫を高める代表的なハーブはエキナセア。

21. ④ ファルネソールはリンデンに含まれる精油成分。ジャーマンカモミールに含まれる精油成分はα-ビサボロールやカマズレンなど。

22. ③ 緩下作用は穏やかな作用で便通を促す。

23. ① ほかにアルカロイドも強い苦味を持つ。

24. ① 興奮作用があるのは、アルカロイドのカフェインを含むマテ。

25. ②

26. ② アルカロイドを含むのは、パッションフラワーとマテ。

242

27. ④ 出産準備に用いられるのはラズベリーリーフ。

28. ③ ルテオリンは、ジャーマンカモミールとペパーミントの主要成分。

29. ④ フィトケミカルは、植物が自らの身を守るために作り出す化学物質。一部の医薬品として指定されているメディカルハーブを除き、正しい使用において人体にやさしく作用する。

30. ⑤ タンニンは、ウスベニアオイ、セントジョンズワート、ペパーミント、ラズベリーリーフ、リンデンなどに含まれている。

31. ③ 収れん作用とは皮膚を引き締める作用のこと。

32. ② 外用チンキの希釈には精製水が適している。

33. ① シナリンが含まれているのはエキナセア。

34. ① ②メドースイートから分離されたのはサリシンで、アスピリンはサリシンをもとに化学的に合成された。③コカインの分離は1860年頃。④ペニシリンが作り出されたのは20世紀に入ってから。⑤医薬品は「魔法の弾丸」と呼ばれた。

35. ④ ペパーミントに含まれるタンニンはロスマリン酸で、エラグ酸を含むのはラズベリーリーフ。

36. ①

37. ①

38. ① ②緩和作用は緊張を和らげる作用。③鎮静作用は神経系を鎮めてリラックスさせる作用。④消炎作用は炎症を抑える作用。⑤鎮痛作用は痛みを軽くする作用。

39. ① 南米3カ国に生育するカフェイン含有ハーブはマテ。

40. ④ 心身の緊張を和らげて、質の高い睡眠をもたらす働きがあるのはリンデンなど。

41. ④ メディカルハーブの代表的な働きとして、ほかに生体防御機能調節作用がある。

42. ③

43. ①

44. ④

45. ③

46. ① c. 植物が害虫を遠ざけるために作る物質は、苦味質。d. タンニンには、収れん作用や下痢を止める作用がある。

47. ⑤ 検定で問われる 15 種類のハーブのうち、粘液質があるのは、ウスベニアオイ、リンデン、エルダーフラワー、ハイビスカス。

48. ② 『薬物誌』は、1 世紀頃の古代ローマの医師、ディオスコリデスによって著された。

49. ①

50. ④

51. ② ①ハイビスカスの相乗効果を高めるためにブレンドするとよいのは、ローズヒップ。③心身の緊張を和らげる入眠前のお茶は、リンデン。④フラボノイドを豊富に含み、「インフルエンザの特効薬」と呼ばれているのは、エルダーフラワー。⑤ストレスが原因の過敏性腸症候群などの心身症に用いられるのは、ペパーミント。

52. ④

53. ③

54. ④ ①マテはパラグアイ、ブラジル、アルゼンチンの南米 3 カ国に生育する。②医薬品との併用に注意が必要なハーブは、セントジョンズワート。③伝統医療でナチュラルメディスンとして用いられてきたのは、ダンディライオン。⑤ビタミン C を豊富に含むのは、ローズヒップ。

55. ② エキナセアは、北米の先住民が最も大切にしたハーブ。

56. ⑤ b. 病気になった時、体のバランスを元に戻そうとする力を自然治癒力という。d. メディカルハーブの作用は穏やか。

57. ④

58. ③ カフェインやタンニンは高温で抽出される成分。

59. ⑤

60. ① ロスマリン酸を主要成分に含むのはペパーミント。

	1回目	2回目	3回目
正答数	/60問	/60問	/60問

おわりに

　これまで様々な年齢層や職業の方々が、メディカルハーブ講座の学習に取り組まれてきました。

　検定試験の受験者数は年々増え、東京のみでの開催からスタートした試験会場も、受験者数の増加に伴い、10会場に増設されましたが、オンライン化により、現在パソコンがある環境でどこからでも受験が可能になりました。

　これはまぎれもなく、時代のニーズである予防医学やセルフメディケーションとして、緑の薬の安全性や有用性が見直されている証ではないでしょうか。

　これから期待される医療分野でのAIテクノロジーの進展と、自然からの贈り物「メディカルハーブ」が、融合して開ける未来はどんなものでしょう。

　自らの健康を守るその主人公が自分自身であるためにも、自然へのレスペクトと同時に、常に正しい知見への努力を怠らないでいたいものです。

　　　　　　　　　　　メディカルハーブ研究会　田中久美子
（JAMHA認定教室　アロマカルチャースクール和歌山校長）
　　　　　　ヨガ、アロマテラピー、メディカルハーブの
　　　　　　　　　　　　　　　　　ライセンススクール

著者・田中久美子（たなか くみこ）

メディカルハーブ研究会代表。アロマカルチャースクール和歌山代表。アロマ＆
ハーブを、初心者からプロフェッショナルまで総合専門的に学べるライセンスス
クールとして、多くの卒業生を排出している。受講生は福祉や医療関係者、飲食業、
美容分野、サロン経営者など様々で、2015年からは顔ヨガや数秘術なども加わり、
「一家に一人セラピスト」を提案する。パーソナルに対応した人気の各種ワンデイ
講座やカウンセリングは、遠路からの受講生も多く、支持が厚い。

お問合せは
＜アロマカルチャースクール和歌山＞
http://www.a-culture.jp/
Mail：info@a-culture.jp
〒641-0045 和歌山市堀止西 1-4

編集協力：石波舞子
装丁：石井香里
本文デザイン：ジャパンスタイルデザイン、rk

ハーブのセラピストはじめの一歩！
メディカルハーブ検定
合格！対策問題集　改訂版

2018 年 6 月 20 日　初版第 1 刷発行
2023 年 9 月 10 日　初版第 4 刷発行

著者
田中久美子

発行者
東口敏郎

発行所
株式会社 BAB ジャパン
〒 151-0073　東京都渋谷区笹塚 1-30-11 中村ビル
TEL 03-3469-0135
FAX 03-3469-0162
URL http://www.therapylife.jp
E-mail: shop@bab.co.jp

郵便振替
00140-7-116767

印刷・製本
中央精版印刷株式会社

ISBN978-4-8142-0140-2　C2077

※本書は、法律に定めのある場合を除き、複製・複写できません。
※乱丁・落丁はお取り替えします。

BOOK Collection

絶対合格!! ハーバルセラピスト認定試験対策問題集

「ハーブと精油のプロ」として とっておきたい資格!

特定非営利活動法人日本メディカルハーブ協会試験完全対応! 自分の弱みがわかり、ピンポイント解説で確認できるので、覚えやすい! 忘れない! 解いて、覚えて、活用できる! 自然療法を実践!! 子育て、介護、医療の分野からも注目される、ハーブと精油を使いこなす資格! メディカルハーブを仕事に、家庭に、取り入れたい人におすすめです!!

CONTENTS
Part 1　練習問題70

Part 2　ピンポイント解説32
まとめ1　医学の歴史と予防医学／まとめ2　メディカルハーブの基礎知識／まとめ3　メディカルハーブのさまざまな働き／まとめ4　メディカルハーブの管理と保存／まとめ5　アロマテラピーの基礎知識／まとめ6　アロマテラピーの製造法／まとめ7　キャリアオイル／まとめ8　メディカルハーブの安全性／まとめ9　メディカルハーブ製剤の基本／まとめ10　家庭の救急箱／まとめ11　消化と代謝／まとめ12　五大栄養素／まとめ13　運動の種類と強度／まとめ14　睡眠のサイクル／まとめ15　活性酸素／まとめ16　生活習慣病／まとめ17　免疫の基本／まとめ18　感染から守る方法／まとめ19　セリエのストレス学説／まとめ20　代表的なストレス関連病／まとめ21　女性ホルモンの影響／まとめ22　女性のためのフィトエストロゲン／まとめ23　皮膚の構造／まとめ24　紫外線と皮膚トラブル／まとめ25　メディカルハーブと美容／まとめ26　五感の刺激／まとめ27　植物性食品の機能性成分／まとめ28　食品の機能性／まとめ29　ハーバルライフケア／まとめ30　ライフステージとハーバルライフケア／まとめ31　東洋医学の自然観／まとめ32　自然治癒力信頼への筋道

Part 3　模擬テスト
付録〈巻末資料〉／付録1　含有成分とメディカルハーブ30種まとめ／付録2　アロマ精油成分12種まとめ／付録3　科名順ハーブ30種と精油12種のプロフィール

■田中久美子 著　■A5判　■320頁
■本体2,300円＋税

アロマテラピー＋カウンセリングと自然療法の専門誌

セラピスト bi-monthly

- 隔月刊（奇数月7日発売）
- 定価 1,000 円（税込）
- 年間定期購読料 6,000 円（税込・送料サービス）

スキルを身につけキャリアアップを目指す方を対象とした、セラピストのための専門誌。セラピストになるための学校と資格、セラピーサロンで必要な知識・テクニック・マナー、そしてカウンセリング・テクニックも詳細に解説しています。

セラピスト誌オフィシャルサイト　WEB 限定の無料コンテンツも多数!!

セラピスト ONLINE
www.therapylife.jp/

業界の最新ニュースをはじめ、様々なスキルアップ、キャリアアップのためのウェブ特集、連載、動画などのコンテンツや、全国のサロン、ショップ、スクール、イベント、求人情報などがご覧いただけるポータルサイトです。

記事ダウンロード
セラピスト誌のバックナンバーから厳選した人気記事を無料でご覧いただけます。

サーチ＆ガイド
全国のサロン、スクール、セミナー、イベント、求人などの情報掲載。

WEB『簡単診断テスト』
ココロとカラダのさまざまな診断テストを紹介します。

LIVE、WEB セミナー
一流講師達の、実際のライブでのセミナー情報や、WEB 通信講座をご紹介。

トップクラスのノウハウがオンラインでいつでもどこでも見放題！

THERAPY COLLEGE
セラピーNETカレッジ

WEB 動画講座

www.therapynetcollege.com/

セラピー 動画　検索

セラピー・ネット・カレッジ(TNCC)はセラピスト誌が運営する業界初のWEB動画サイト。現在、240名を超える一流講師の398のオンライン講座を配信中！ すべての講座を受講できる「本科コース」、各カテゴリーごとに厳選された5つの講座を受講できる「専科コース」、学びたい講座だけを視聴する「単科コース」の3つのコースから選べます。さまざまな技術やノウハウが身につく当サイトをぜひご活用ください！

 パソコンでじっくり学ぶ！

 スマホで効率良く学ぶ！

 タブレットで気軽に学ぶ！

月額 2,050円で見放題！　毎月新講座が登場！
一流講師240名以上の398講座以上を配信中！